*Dies für den*
*und das für jenen*

# Essen und Trinken mit *Poesie*

*Dies für den*
*und das für jenen*

# Essen und Trinken mit *Poesie*

Mit neun poetischen Rezepten
von Vincent Klink

Herausgegeben von
Eva Gesine Baur

Mit 111 farbigen Abbildungen

dtv
premium

*Für Eva Schuster*

Originalausgabe
November 2000
Deutscher Taschenbuch Verlag GmbH & Co. KG, München
www.dtv.de

Rezepte: Vincent Klink, Stuttgart
Food-Fotos: Rainer Fichel, Cas Concos, Mallorca
Umschlagkonzept: Balk & Brumshagen
Umschlaggestaltung: Stephan Schöll
unter Verwendung des Gemäldes
›Das Schinkenessen‹
von Nicolas Lancret (1690-1745), Chantilly, Musée Condé
Layout und Satz: Stephan Schöll, München
Gesetzt aus der Garamond und Künstler Script
Reproduktion: Menrath Reproduktion, Weilheim i. Obb.
Druck und Bindung: Appl, Wemding
Gedruckt auf säurefreiem, chlorfrei gebleichtem Papier
Printed in Germany • ISBN 3-423-24218-3

# Inhalt

# Entrée

Statt eines Vorworts

Er sitzt mir gegenüber, versunken in seinem Sessel wie in seinen Gedanken. »Hast du's denn selber mal probiert?« frage ich leise. Da wird er rot, kramt in der Tasche herum und nuschelt dabei: »Einmal. Jetzt erst. Das erste Mal in meinem Leben. Weil ich da ja einen Heidenrespekt davor habe.« Was Vincent Klink, den in jeder Hinsicht abgerundeten Sternekoch von der Stuttgarter ›Wielandshöhe‹, zum Erröten bringt, hätte Frank Wedekind sofort erraten: »Ein gesunder Mensch wird rot«, hat ausgerechnet dieser Erotomane behauptet, »wenn er ein Gedicht gemacht hat.« Und Vincent Klink stimmt dem zu. Zwar hat Bayerns bissigstes Lästermaul Gerhard Polt auf die Frage nach seinem Lieblingslyriker ungewohnt zärtlich geantwortet: »Vincent Klink, ›Wielandshöhe‹ – ein Gedicht.« Und renommierte Verleger schwärmen vollmundig, der, den die Freunde Vince nennen, gehe »mit der Feder so talentiert um wie mit dem Kochlöffel« – wobei das mit der Feder wörtlich zu nehmen ist: Speisekarten und private Briefe schreibt er nämlich mit einer echten Feder in einer Schrift, die jeden Hofkalligraphen neidisch gemacht hätte. Trotzdem ist die Hemmschwelle davor, zu dichten, für Vincent Klink so hoch, dass er nun erst mühsam drübergeklettert ist. Verlegen trägt er mir vor, was er aus tiefem Grund zu Tage gefördert hat:

*»Jeden Tag ein andrer Schmerz: / Plattfuß, Gicht, es rast das Herz.*
*Bauchweh, Hüstel, schlimmer Morgen. / Möcht' mich auf den Mond entsorgen.«*

So heißt der Refrain. Und aufseufzend sagt er: »Das wirkliche Elend ist bei den Dichtern zu Hause.« Damit ist allerdings nicht die gesundheitliche Lage gemeint, vielmehr die finanzielle Notlage der armen Poeten, die leider nichts mit der spitzweglichen Idylle zu tun hat. Und die erbarmt Vincent so, dass er Dichter gern mal umsonst bewirtet – wenn die Qualität ihrer Lyrik der seiner Küche entspricht – und in Stuttgart seinen vor lustvollen, leckeren Assoziationen glänzenden Namen einsetzt, um die Leute in Dichterlesungen zu locken. »Wer liest«, seufzt er, »heute schon noch Gedichte? Lyrik war ja immer unterschätzt, aber heute ist sie total auf der Verliererstrecke.« Und der internetverliebte Koch gibt auch mit dem schmerzerfüllten Blick, der aus gespaltener Seele

kommt, zu, woran das liegt: »Weil man nicht drübersurfen kann.« Lyrik müssen wir uns, selbst beim billigsten Eigenverlagbändchen, etwas kosten lassen: Zeit und Ausdauer. »Das ist für uns heute einfach eine Willensanstrengung«, sagt Vincent Klink, »mal für fünf Minuten die Uhr anzuhalten. Und Lyrik ist auch anstrengend, weil sie nur was bringt, wenn man sich einbringt. Einen Gedichtband kann man nicht durchfetzen. Ein gutes Gedicht muss man einen Tag, vielleicht sogar eine Woche mit sich rumtragen.« Obwohl dieses Kriterium für gutes Essen nicht gilt, empfindet er Essen, Trinken und Poesie durchaus als jene Dreieinigkeit, die zwar nicht hoch und heilig verspricht, uns von allem Übel zu erlösen, dafür jedoch von manchem konkreten wirklich befreit.
Für ihn haben diese drei Lebenskünste eine wesentliche Wirkung gemeinsam: Sie sind Heilmittel gegen vieles Unverdauliche, das wir mit der Alltagesschau in uns reinfressen. Poesie, die das Hässliche thematisiert, verfehlt für Vincent Klink ihren Zweck so gründlich wie ein blutiges Tellergericht. Wie die Lyrik stellen leibliche Genüsse von Niveau Anforderungen: Ein gutes Menue, ein guter Wein und gute Poesie verlangen von dem, der sie zu sich nimmt, ein Gefühl für die Arbeit, die darin steckt. Lyrik schätzt nur, wer sich bewusst ist, dass es wie beim Marillenbrand unendlich viel Aufwand bedeutet, aus dem geduldig Ausgelesenen dann das Wesentliche herauszudestillieren. Auch beim Essen findet Vincent Analogien.
»Die echte regionale Küche«, sagt er, »ist eigentlich die Entsprechung zu guter Lyrik: Bloß keine Dekoration. Da darf nichts zuviel sein. Kein Petersilienblättchen und kein Wort.«

München, im August 2000
Eva Gesine Baur

# Das Essen

Ein Mensch beim Essen ist ein gut Gesicht,
Wenn er nichts denkt und nur die Kiefer mahlen,
Die Zähne malmen und die Blicke strahlen
Von einem sonderbaren Urweltlicht.

Vorspeisen sind wie Segel über Buchten,
Schlank und zum Hafen schnellend in erregter Fahrt,
Indes die schweren Fleischgerichte wuchten
Gewaltig über Wiesen von Gemüsen zart.

Welch ein entzücktes Spiel: zu hohen Festen
Erlesner Bissen Liebreiz zu erflehn,
Und welche Lust: sich mächtig vollzumästen,
Satt und mit Saft gefüllt vom Hals bis zu den Zeh'n.

Fischfleisch ist weiß und heilig oder rosen,
Und manchmal rauchgebeizt und lauchgewürzt.
Auch kleine Fische gibt's in blanken Dosen,
Die man wie Schnäpse jach hinunterstürzt.

Wildbret: Du Perle Cumberlands, von edler Fäule,
Und nackter Horden rohgebratner Fraß!
Wohl dem, der Schneehuhn oder Rentierkeule
(Gespickt, mit Sahne) hoch im Norden aß.

Beefsteak tatare ist fast so stark an Gnade
Wie ein am Grill gebratnes Lendenstück,
Und viele Götter leben im Salate,
Saftrot und samenkerngeschwellt das Weib Tomate,
Und grünes Kraut im Frühling ist ein kühles Glück.

Wenn du Kartoffeln oder Spargel ißt,
Schmeckst du den Sand der Felder und den Wurzelsegen,
Des Himmels Hitze und den großen Regen,
Die kühlen Wässer und den warmen Mist.

Laßt mich hier schweigen vom Betroffensein,
Vom tiefsten, tödlichsten Hinübergleiten,
Vom hellsten, wachsten Indiewindereiten,
Die Welt ist groß und unser Wort ist klein.

Laßt mich hier schweigen von dem Blutgericht
Geheimster Liebe in verrauschten Zeiten -
Laßt mich nur essen, dankbar und bescheiden -
Ein Mensch beim Essen ist ein gut Gesicht.

*Carl Zuckmayer*

# Einladung

Auf dem Tisch
Äpfel und Wein
Blumen zerbrechliche Farben

Du bist eingeladen

Ich wohne im Haus
Nummer Null

Den Duft malte Monet
Äpfel gereift bei Cezanne
den Wein brachte die Flaschenpost

Ich wiederhole
du bist herzlich
eingeladen.

*Rose Ausländer*

# Poetenhaushalt

Weh, wer ohne rechte Mittel
Sich der Poesie vermählt.
Täglich dünner wird der Kittel,
Und die Milch im Hause fehlt.

Ängstlich schwitzend muß er sitzen,
Fort ist seine Seelenruh,
Und vergeblich an den Zitzen
Zupft er seine magre Kuh.

*Wilhelm Busch*

# Vom Lorbeer

Lorbeer ist ein gutes Kraut
Für die Saucenköche;
Wer's als Kopfbedeckung wünscht,
Wisse, daß es steche.

*Otto Julius Bierbaum*

# Seeteufel auf Lorbeerspieß mit Olivensauce

Für 4 Portionen:

500 g enthäuteter Seeteufel (Lotte)
1 EL Olivenöl
2 EL schwarze Oliven
1 Schalotte
1 EL Butter
2 EL Weißwein
1 Knoblauchzehe
4 frische Lorbeerzweige
4 Tomaten, halbiert
4 Frühlingszwiebeln

*Lorbeer ist ein*

Seeteufelfilet in zwei Zentimeter große Würfel schneiden. Pfeffern und salzen.

Die Lorbeerzweige von den Blättern befreien und nur das Zweigende unberührt lassen. Die Rinde des Stiels abkratzen und abwechselnd die Fischstücke, die Tomaten und die Frühlingszwiebeln aufspießen.

Einige junge Lorbeerblätter in möglichst feine Streifen schneiden.

Die Spieße in der Pfanne von allen Seiten jeweils 2 Minuten mit Olivenöl und danach mit einer ganzen, zerdrückten Knoblauchzehe nochmals 2 Minuten braten, aus der Pfanne nehmen und warm stellen.

# gutes Kraut

Das Fett aus der Pfanne reiben und darin danach in etwas Butter die Schalotten und die ganzen Oliven anschwitzen. Mit dem Wein ablöschen, die Lorbeerstreifen dazugeben und die Flüssigkeit um die Hälfte reduzieren. Die Pfanne vom Feuer nehmen, die restliche Butter mit einem Schneebesen einarbeiten und alles über die Spieße gießen.

Auf vorgewärmten Tellern anrichten und sofort servieren. Als Beilage kann man Olivenbrot oder auch körnigen Reis reichen.

# Lob des Kochs

(aus dem Loblied auf Küchenchef Noel)

Fürwahr, ich sag' es Noel, ohne Lachen:
Dein groß Talent wird dich unsterblich machen.
Man wird es ja durch mannigfache Mittel;
Wer seinesgleichen in den Schatten stellt,
Als Künstler auftut eine neue Welt,
Verdient in seinem Fach den Meistertitel:
Du bist der Küche nie bezwungner Held.

Dein eigen ist die ganze neue Kenntnis
Von allen Kräutern, und mit Sachverständnis
Zusammenrührend sorgsam ihren Saft,
Vereinst du sie zu jener Art von Saucen,
Die lieblich duftend nach Jasmin und Rosen,
Den Königen und Fürsten Wonne schafft.
Sollt' eines Tags dich eine Laune lenken,
Ein Mumienragout dir auszudenken
Und kunstreich durch ein chemisch Elixier
Die Würze der Bereitung noch zu bessern,
Macht Illusion, Vertraun und Eßbegier
Am End uns alle noch zu Menschenfressern.

*Friedrich der Große*

# Geschmackssache

Dies für den und das für jenen.
Viele Tische sind gedeckt.
Keine Zunge soll verhöhnen,
Was der andern Zunge schmeckt.

Lasse jedem seine Freuden,
Gönn ihm, daß er sich erquickt,
Wenn er sittsam und bescheiden
Auf den eignen Teller blickt.

Wenn jedoch bei deinem Tisch er
Unverschämt dich neckt und stört,
Dann so gib ihm einen Wischer,
Daß er merkt, was sich gehört.

*Wilhelm Busch*

# Der fressende Narr

Ich bin genannt der fressend Narr.
Man kennt mich in der ganzen Pfarr.
Wo mich ein reich Mann lässt zu Tisch,
Setzt mir vor gut Wildbret und Fisch,
So schlemm ich sam wollts mirs entlaufen,
Tu auch den Wein so knollig saufen,
Als ob ich sei ganz bodenlos.
Des ist mein Schmerbauch dick und groß.

*Hans Sachs*

# Der geliebte Despot

Der Magen

Großmächtigster der irdischen Despoten,
Tyrann, vor welchem man
*En Gala* nur, gebraten und gesotten,
Sich präsentieren kann!

Du bist – und dies macht unsern Großen Ehre –
Ihr wahres Ebenbild:
Denn du entvölkerst Länder, Flüsse, Meere,
Damit dein Schlund sich füllt.

Allmächtig, wie des weisen Schöpfers Werde!
Ist stets dein Machtgebot;
Denn was nur eßbar ist auf dieser Erde
Verwandelst du in Kot.

Es ist kein Fleckchen unter allen Zonen,
Das dir nicht zinsbar ist:
Du bist es, der den Schweiß von Millionen
Geschäft'ger Hände frißt.

Ein Heer geübter Mörder, Spießer, Würger,
Hältst du dir für und für,
Je mürber die nun beizen deine Bürger,
Je besser schmeckt es dir.

Du bist der Gott, den alle Völker lieben,
Den alles veneriert,
Nur unter dir ist, wie es steht geschrieben –
Ein Schafstall und ein Hirt.

Dir dienet alles – Juden, Heiden, Christen –
Dich ehrt die ganze Welt:
Du bist's allein, der weder Atheisten,
Noch Glaubenszweifler zählt.

Dir zollen Berg und Thal und Wies' und Triften
So manches Opfertier,
Und hunderttausend Wohlgerüche düften
Aus jedem Schornstein dir.

In jedem Haus baut man unaufgefordert
Dir einen Altar auf,
Und täglich zweimal, wo nicht öfter, lodert
Die Opferflamme drauf.

Und Priesterinnen mit schneeweißen Schürzen,
Sonst Köchinnen genannt,
Bemühen sich, das Opfer dir zu würzen,
Das ihre Kunst erfand.

Doch will man dich, der Allmacht Stellvertreter,
In deines Glanze schau'n,
So muß man dich, wie unsre Erdengötter
Betrachten im Verdau'n.

Da flieht vor dir, wie ein geschreckter Hase,
Selbst die Philosophie:
Kaum so viel Luft als eine Seifenblase
Enthält, verscheuchet sie.

Dir huldigt selbst das edle Gottheitsteilchen,
Das uns im Kopf logiert
Sobald dich nur in deinem Amt ein Weilchen
Das Mindeste geniert.

Ja, du gebeutst den mächtigsten der Triebe,
Denn auf dein Machtgebot
Vergißt der Seladon auch seine Liebe,
Und herzet ein Stück Brot.

Die Menschheit selbst verstummt ob deiner Stimme,
Wenn oft dein Zorn erwacht,
Und Menschen dann in seinem höchsten Grimme
Zu Kannibalen macht.

Doch niemand war aus allen, so dir dienen,
Dein Zepter je so schwer,
Als den Poeten: d'rum besang von ihnen
Auch keiner dich bisher.

Auch ich will dir dies Lied nicht dedizieren
Weil deine Majestät
Bekanntlich nichts geruhet zu goutieren,
Was nicht für Hunger geht.

*Aloys Blumauer*

# An den Wein

Wein, wenn ich dich itzo trinke,
Wenn ich dich als Jüngling trinke,
Sollst du mich in allen Sachen
Dreist und klug, beherzt und weise,
Mir zum Nutz und dir zum Preise,
Kurz, zu einem Alten machen.

Wein, wird' ich dich künftig trinken,
Werd' ich dich als Alter trinken,
Sollst du mich geneigt zum Lachen,
Unbesorgt für Tod und Lügen,
Dir zum Ruhm, mir zum Vergnügen,
Kurz, zu einem Jüngling machen.

*Gotthold Ephraim Lessing*

# Der Wettstreit

Mein Mädchen und mein Wein,
Die wollen sich entzweyn.
Ob ich den Zwist entscheide?
Wird noch die Frage seyn.
Ich suche mich durch Beyde
Im Stillen zu erfreun.
Sie giebt mir größre Freude;
Doch öftre giebt der Wein.

*Friedrich von Hagedorn*

# Rheinweingoldgrund

Wie doch die Welt so traulich und lieblich
Im Römerglas' sich widerspiegelt,
Und wie der wogende Mikrokosmos
Sonnig hinabfließt ins durstige Herz!
Alles erblick' ich im Glas,
Alte und neue Völkergeschichte,
Türken und Gricchen, Hegel und Gans,
Zitronenwälder und Wachtparaden,
Berlin und Schilda, Tunis und Hamburg,
Vor allem aber das Bild der Geliebten,
Das Engelsköpfchen auf Rheinweingoldgrund.

*Heinrich Heine*

# Lob des

# Rotweins

Der eine liebt ihn weiß, vom Elsaß, aus der Pfalz,
der andre liebt ihn rot, vom Neckar, von der Rhône,
vor allem aus Burgund der Wein ist nicht so ohne,
er läuft wie der Bordeaux ganz ölig durch den Hals.

Den süßen Honigwein beim Festbankett Walhalls
trank becherweise gern der sterbende Teutone,
dieweil der Mann aus Rom an seinem Heldenthrone
noch einen Roten trank – und trocken jedenfalls.

Im Weißwein wirkt die Kraft, im Rotwein ruht die Wärme.
Sie heilt das Weh im Hirn, die Schmerzen im Gedärme.
Nun also, lieber Freund, laß uns den Römer heben!

Dort wo der Weiße reizt, besänftigt dich der Rote.
Trink Roten, du stirbst nie, erzählt die Anekdote.
Ertrinke also dir mit ihm das ewige Leben.

*Ludwig Harig*

# Die verdammten Ochsenbraten

Ein Versuch in Versen

Die Römer, die, vor vielen hundert Jahren,
Das erste Volk der Erde waren,
Doch wenigstens sich dünkten, es zu sein;
Die große Schreiber ihrer Taten
Und Dichter auch und große Redner hatten
Und Weise, groß und klein;
Die stolz auf ihrer Helden Scharen,
Auf ihre Regulos und Scipione waren,
Und Ursach hatten es zu sein;
Die fingen endlich an und aßen Ochsenbraten,
Frisierten sich und tranken fleißig Wein –
Da war's geschehn um ihre Heldentaten,
Um ihrer Dichter edlen Reih'n,
Um ihre Redner, ihre Schreiber;
Da wurden's große dicke Leiber
Und Memoirs- und Zeitungs-Schreiber,
Und ihre Seelen wurden klein;
Da kamen Oper und Kastraten
Und Ehebruch und Advokaten
Und nistelten sich ein.
O, die verdammten Ochsenbraten!
O, der verdammte Wein!

*Matthias Claudius*

# Ochsenschwanzsuppe

Für 4 Portionen:

1/2 Ochsenschwanz
1 Zwiebel, gewürfelt
1 Bund Röstgemüse, gewürfelt
1 EL Olivenöl
1 Knoblauchzehe
1 l kräftiger Rotwein
1 l Fleischbrühe
5 Pimentkörner
1 Lorbeerblatt
1 Gewürznelke

*O, die verdammten*

Ochsenschwanz am Gelenk in Stücke schneiden. Alles in einen genügend großen Topf geben, der über einen passenden Deckel verfügt. In Olivenöl rundum anbraten, salzen, mit grobem Pfeffer bestreuen und bei sehr kleinem Feuer langsam schmurgeln. Nach einer halben Stunde das Gemüse und die Zwiebeln dazugeben; ab und zu abwechselnd mit der Fleischbrühe und mit Rotwein ablöschen.

Diesen Schmorvorgang kann man sich erleichtern, wenn man den Topf ohne Deckel in den Ofen gibt und bei mittlerer Hitze gart. Die ganze Prozedur dauert ungefähr zwei bis drei Stunden. Gibt man einen Deckel auf den Topf und etwas mehr Flüssigkeit dazu, so kann man das Gericht getrost eine halbe Stunde allein lassen. Nach einer Stunde die zerdrückte Knoblauchzehe und die zerdrückten Gewürze dazugeben.

# Ochsenbraten

Es wäre völlig falsch, den Topf mit Wein und Brühe nach dem Anbraten aufzufüllen, dann wäre der Röstvorgang unterbrochen und unsere Suppe bekäme einen schlappen Auftritt. Also erst zum Schluss die restliche Brühe und den Rotwein dazugießen. Mit einem Schaumlöffel die Knochen herausfischen und das daran hängende Fleisch abfieseln; dann wieder in die Brühe geben.

Normalerweise wird die Suppe mit Mehlbutter gebunden. Wir verkneifen uns das, denn ungebunden ist sie bekömmlicher, ganz besonders, wenn sie vor dem Anrichten noch gut entfettet wurde.

# Du bist, was Du ißt

Essen muß der Mensch, das weiß ein jeder,
und was er ißt, fließt ein auf all sein Wesen.
Eßt Fastenkost, und ihr seid schwachen Sinns;
eßt Braten, und ihr fühlet Kraft und Mut.

*Franz Grillparzer*

# Fröhlich vom Fleisch zu essen

Fröhlich vom Fleisch zu essen, das saftige Lendenstück
Und mit dem Roggenbrot, dem ausgebackenen, duftenden
Den Käse vom runden Laib und aus dem Krug
Das kalte Bier zu trinken, das wird
Niedrig gescholten, aber ich meine, in die Grube gelegt
werden
Ohne einen Mundvoll guten Fleisches genossen zu haben
Ist unmenschlich, und das sage ich, der ich
Ein schlechter Esser bin.

*Bertolt Brecht*

# Selbstgespräch

Ick sitze hier und esse Klops,
Uff eenmal kloppt's.
Ich kieke, staune, wundre mir,
Uff eenmal jeht se uff, die Tier.
Nanu, denk ick, ick denk, nanu,
Jetzt isse uff, erscht war se zu.
Ick jehe raus und blicke,
Und wer steht draußen? – Icke.

*Anonymus*

# Das Schnitzel

Ein Mensch, der sich ein Schnitzel briet,
Bemerkte, daß ihm das mißriet.
Jedoch, da er es selbst gebraten,
Tut er, als wär es ihm geraten,
Und, um sich nicht zu strafen Lügen,
Ißt er's mit herzlichem Vergnügen.

*Eugen Roth*

# Aus vollem Rohr

Vor dem Debut soupierend saß,
Bei einer Frau, der Sänger.
Sie staunte über seinen Fraß
Und wurde immer länger.

Der Sänger auf die Bühne trat,
Schlicht, ohne sich zu rühmen,
Ein Hauch von Bier und Fleischsalat
Verlor sich in Parfumen.

Der Sänger sang das hohe C.
Der Beifall wuchs und tobte.
Die Dame in der Loge B
Stand auf und garderobte.

Der Sänger stürzte aus dem Haus
In den verschneiten Garten.
Die Dame folgte, einen Strauß
Auspackend, voll Erwarten.

Der Sänger lüpfte seinen Frack
Und duckte sich im Garten.
Es klang wie »Schlacht am Skagerrak«.
Die Dame mußte warten.

Vom langen Stehn im nassen Schnee
Holt man sich Rheumatismus. –
Der Sänger mit dem hohen C
Kennt seinen Mechanismus.

*Joachim Ringelnatz*

# Für

Mund

Hat sich geöffnet, nach Luft gerungen,
hat etwas Warmes gekannt,
Ah gesagt überm kalten Löffel.
Was weiß ein Mund.

Lirum larum, so schmeckt der Bleistift,
so schmeckt die Eisblume,
so die stählerne Zahnarztklammer,
so schmeckt im Kasten der Sand.

Was weiß ein Mund. Kennt Milch und Blut,
Brot und Wein, Zucker und Salz,
hat unterschieden Morsches von Dürrem.
Schleimiges von Verbranntem.

Hat sich gegen das Übel gewehrt
mit Lirum und Larum,
Hustensaft und Oblaten.
Hat sich getäuscht.

# alles offen

Was weiß ein Mund.
Weiß nichts, sucht, will nicht,
verzehrt und verzehrt sich,
sucht und läßt sich versuchen.

Sucht Freundschaft mit noch einem Mund,
sucht ein Ohr, ringt nach Luft,
öffnet sich, teilt sich mit.
Was weiß ein Mund.

Hat sich getäuscht, ist dunkel,
hat gesucht und knirschend gefunden
etwas Kaltes, Dunkles,
hat sich verschlossen.

*Hans Magnus Enzensberger*

# Kulinarisches

Weißt du's noch? damals aßen wir
zart-jungen Mais
mit Butter; die Spitzen waren weich
und die Kolben ganz weiß.

Weißt du's noch? damals aßen wir
Sishkebab mit Reis,
und nachher verlangtest du
Himbeereis.

Weißt du's noch? damals aßen wir
indianische Götterspeis
voller Curry, und wir tranken und tranken,
und die Welt glühte heiß.

Weißt du's noch? damals aßen wir
in laut-festlichem Kreis –
war's Geburtstag? war's Hochzeit?
im Herzen war's leis.

Oh, ich weiß, ich weiß:
wen's freut den andern essen zu sehn,
des Liebe wird täglich und nächtlich aufs neue erstehn
und nimmer vergehn.

*Hermann Broch*

# Liebeslied

## Polenta mit Spinat in Sardellenbutter

Für 4 Portionen:

150 g Maisgrieß
(es gibt zweierlei Sorten,
die geeignetere ist immer das etwas grobere Mehl)
1 Zwiebel, fein geschnitten
50 g Parmesan, frisch gerieben
1,5 l Fleischbrühe
30 g Butter
Salz und Pfeffer aus der Mühle

## Spinat Florentiner Art

Für 4 Portionen:

1/2 kg frischer Spinat
1 Schalotte, gehackt
500 g Butter
1 Zehe Knoblauch, gehackt
2 Sardellenfilets, fein gehackt
Pfeffer aus der Mühle
1 Prise Muskat

*... damals aßen wir*

Man muss die Zutaten zur Polenta nicht unbedingt ganz genau wiegen. Bis auf die Beigaben, das Salzige, ist die Zubereitung ähnlich dem Grießbrei.

Zwiebeln in Butter anschwitzen, den Knoblauch dazugeben, wenn er leicht glasig ist, mit Brühe auffüllen. Kocht die Brühe, dann den Maisgrieß langsam einrieseln lassen und bei milder Hitze mit dem Kochlöffel (einer mit Loch wäre am besten) mischen, 45 Minuten ausquellen lassen. Mit Salz und Pfeffer würzen. Zum Schluss den Parmesan unterrühren. Dieser Brei kann so auf den Tisch gestellt werden. Der Spinat wird getrennt dazu gereicht. Selbstverständlich kann man zu diesem Gericht

# zarten, jungen Mais

auch Fleisch reichen, in Italien ist Polenta aber grundsätzlich so gut zubereitet, dass sie als eigenständiges Gericht bestehen kann. Bleibt von der Polenta etwas übrig, so kann man sie in eine Kaffeetasse pressen, erkalten lassen, anderntags oder etwas später in Scheiben schneiden und anbraten.

Den Spinat waschen und von den Stielen befreien. Die Schalotten mit Butter und etwas Knoblauch anschwitzen und die Sardellen dazugeben. Alles in der Pfanne so lange wenden, bis der Spinat zusammengefallen ist. Mit einem Hauch Pfeffer, evtl. Muskat, würzen – fertig.

# Das Wahrzeichen

Das weiß ein jeder, wer's auch sei,
Gesund und stärkend ist das Ei -
Nicht nur in allerlei Gebäck,
Wo es bescheiden im Versteck;
Nicht nur in Soßen ist's beliebt,
Weil es denselben Rundung gibt;
Nicht eben dieserhalben nur –
Nein, auch in leiblicher Statur,
Gerechtermaßen abgesotten,
Zu Pellkartoffeln, Butterbroten,
Erregt dasselbe fast bei allen
Ein ungeteiltes Wohlgefallen;
Und jeder rückt den Stuhl herbei
Und spricht: »Ich bitte um ein Ei!«

*Wilhelm Busch*

# des Kolumbus

Aktuelle Albumverse II

Die Hühner fühlten sich plötzlich verpflichtet,
statt Eiern Apfeltörtchen zu legen.
Die Sache zerschlug sich. Und zwar weswegen?
Das Huhn ist auf Eier eingerichtet.
(So wurde schon manche Idee vernichtet.)

*Erich Kästner*

# Die Musen-Molkerei

Die Sorge, wie man Nahrung findet,
Ist häufig nicht so unbegründet.
Kommt einer dann und fragt: Wie geht's?
Steht man gewöhnlich oder stets

Gewissermaßen peinlich da,
Indem man spricht: Nun, so lala!
Und nur der Heuchler lacht vergnüglich
Und gibt zur Antwort: Ei, vorzüglich!

Im Durchschnitt ist man kummervoll
Und weiß nicht, was man machen soll. –

Nicht so der Dichter. Kaum mißfällt
Ihm diese altgebackne Welt,
So knetet er aus weicher Kleie
Für sich privatim eine neue

Und zieht als freier Musensohn
In die Poetendimension,
Die fünfte, da die vierte jetzt
Von Geistern ohnehin besetzt.

Hier ist es luftig, duftig, schön,
Hier hat er nichts mehr auszustehn,
Hier aus dem mütterlichen Busen
Der ewig wohlgenährten Musen

Rinnt ihm der Stoff beständig neu
In seine saubre Molkerei
Gleichwie die brave Bauernmutter,
Tagtäglich macht die frische Butter.

Des Abends spät, des Morgens frühe
Zupft sie am Hinterleib der Kühe
Mit kunstgeübten Handgelenken
Und trägt, was kommt, zu kühlen Schränken,

Wo bald ihr Finger, leicht gekrümmt,
Den fetten Rahm der oben schwimmt,
Beiseite schöpft und so in Masse
Vereint im hohen Butterfasse.

Jetzt mit durchlöchertem Pistille
Bedrängt sie die geschmeid'ge Fülle.
Es kullert, bullert, quietscht und quatscht,
Wird auf und nieder durchgematscht,

Bis das geplagte Element
Vor Angst in dick und dünn sich trennt.
Dies ist der Augenblick der Wonne.
Sie hebt das Dicke aus der Tonne,

Legt's in die Mulde, flach von Holz,
Durchknetet es und drückt und rollt's.
Und sieh, in frohen Händen hält se
Die wohlgeratne Butterwälze.

So auch der Dichter. – Stillbeglückt
Hat er sich was zurechtgedrückt
Und fühlt sich nun in jeder Richtung
Befriedigt durch die eigne Dichtung.

*Wilhelm Busch*

# Hymnen an

Lob der Kartoffel

Pasteten hin, Pasteten her,
Was kümmern uns Pasteten?
Die Kumme hier ist auch nicht leer
Und schmeckt so gut, als bonne chère (gutes Fleisch)
Von Fröschen und von Kröten.

Und viel Pastet und Leckerbrot
Verdirbt nur Blut und Magen.
Die Köche kochen lauter Not,
Sie kochen uns viel eher tot;
Ihr Herren, laßt euch sagen!

Schön rötlich die Kartoffeln sind
Und weiß wie Alabaster!
Sie däun sich lieblich und geschwind
Und sind für Mann und Frau und Kind
Ein rechtes Magenpflaster.

*Matthias Claudius*

# die heilige Kartoffel

## Bratkartoffeln

Nein, mit Schmalz.
Es müssen alte mit fingernden Keimen sein.
Im Keller, auf trocknem Lattenrost,
wo das Licht ein Versprechen bleibt von weither,
haben sie überwintert.

Vor langer Zeit, im Jahrhundert der Hosenträger,
als Lena die Streikkasse unter der Schürze
schon in den sechsten Monat trug.

Ich will mit Zwiebeln und erinnertem Majoran
einen Stummfilm flimmern, in dem Großvater,
ich meine den Sozi, der bei Tannenberg fiel,
bevor er sich über den Teller beugt, flucht
und mit allen Fingern knackt.

Doch nur geschmälzt und in Gußeisen.
Bratkartoffeln mit
Schwarzsauer und ähnlichen Mythen.
Heringe, die sich in Mehl freiwillig wälzen,
oder bibbernde Sülze, in der gewürfelte Gürkchen,
schön und natürlich bleiben.

Zum Frühstück schon aß Otto Stubbe,
bevor er zum Schichtwechsel auf die Werft ging,
seinen Teller voll leer;
und auch die Sperlinge vor den Scheibengardinen
waren schon proletarisch bewußt.

*Günter Grass*

# Ofenschlupfer von Kartoffeln, Speck und Pilzen

Für 4 Portionen:

8 festkochende Pellkartoffeln
Butter, um die Form auszustreichen
100 g Zwiebeln
50 g durchwachsener Speck
30 g Butter
4 Eier
1/4 l Milch
50 g Champignons oder Steinpilze
1 Prise Cayennepfeffer
1 Msp. Muskatblüte
1 Zweig Thymian
1 TL grober Pfeffer
10 Weißbrotscheiben

*... Ein rechtes*

Eine Gratinform ausfetten. Die gekochten Kartoffeln (sie können auch kalt oder vom Vortag sein) und das Brot in dünne Scheiben schneiden.
Die Zwiebeln und den Speck fein hacken. Butter in einer Pfanne aufschäumen lassen, Zwiebeln und Speck darin bei milder Hitze drei Minuten blond rösten. Die Hälfte der Mischung in die Gratinform geben. Die Kartoffelscheiben abwechselnd mit den Brotscheiben dachziegelartig darauf legen. Die Eier mit der Milch verquirlen, kräftig mit Salz, Thymianblättchen, Cayennepfeffer und Muskatblüte würzen und über die Scheiben gießen. Pilze in dünne Scheiben schneiden und auch schuppenartig anordnen.

# Magenpflaster

Die restliche Speck-Zwiebel-Mischung darüber verteilen. Nun alles zehn Minuten stehen lassen, damit das Brot gut durchgetränkt wird. Bei größter Hitze, mit überwiegender Unterhitze, 15 Minuten goldbraun backen.

# Abschiedsworte an Pellka

Jetzt schlägt deine schlimmste Stunde,
Du Ungleichrunde,
Du Ausgekochte, du Zeitgeschälte,
Du Vielgequälte,
Du Gipfel meines Entzückens.
Jetzt kommt der Moment des Zerdrückens
Mit der Gabel! – – Sei stark!
Ich will auch Butter und Salz und Quark
Oder Kümmel, auch Leberwurst in dich stampfen.
Mußt nicht so ängstlich dampfen.
Ich möchte dich noch einmal erfreun.
Soll ich Schnittlauch über dich streun?
Oder ist dir nach Hering zumut?

Du bist ein so rührend junges Blut. –
Deshalb schmeckst du besonders gut.
Wenn das auch egoistisch klingt,
So tröste dich damit, du wundervolle
Pellka, daß du eine Edelknolle
Warst und daß dich ein Kenner verschlingt.

*Joachim Ringelnatz*

# Lob der

# Thüringer Klöße

Thüringen lobt seine Klöße
länger schon als hundert Jahr,
Wohlgestalt, Geschmack und Größe
bleiben doch unwandelbar.
Und nur ein Thüringerkind
weiß, ob sie geraten sind.

Hurtig, bringt das Reibeeisen,
wappnet euch zum schweren Werk,
denn es gibt jetzt einen heißen
Kampf um den Kartoffelberg.
Was ein Knollen war, wird Brei –
doch bewahrt die Haut dabei!

Daß vom Trocknen sich das Nasse,
Erd und Wasser scheiden läßt,
wird die gelbe Flockenmasse
fest im Säcklein ausgepreßt.
Ei, wirst du schon warm? Was tut's,
ohne Müh gelingt nichts Gut's.

Probt vom Salz die rechte Prise,
doch seid nicht verliebt dabei,
sonst könnte es geschehn, daß diese
Prise allzu kräftig sei.
Würzen ist, gleichwie der Kuß,
Kunst, die man verstehen muß!

Seht, jetzt will die Form gelingen!
Wie ein Kinderköpflein groß,
Nest von Semmelbröseln innen,
wölbt sich in der Hand der Kloß.
So in fleckenloser Pracht
hat Gott wohl auch uns gemacht.

Doch nichts Sterbliches hienieden
bleibt verschont im Schicksalswind -
auch die Klöße müssen sieden,
bis sie gar geworden sind.
Erst infolge solcher Pein
können sie vollendet sein.

Silbergrau, von Glanz durchfeuchtet,
heben sie sich neu ans Licht.
Wie aus Glorienwolken leuchtet
sonntäglich ihr Angesicht,
tropfend noch, vom Feuer heiß,
prall und locker gleicherweis.

Ja, das Gute soll man ehren,
und was groß ist, bleibe groß -
Vieles kann die Welt entbehren,
Thüringen nicht seinen Kloß.
O unschätzbarer Gewinn,
daß ich dort geboren bin!

*Rudolf Otto Wiemer*

# Pfannekuchen und Salat

Von Fruchtomletts da mag berichten
Ein Dichter aus den höhern Schichten.
Wir aber, ohne Neid nach oben,
Mit bürgerlicher Zunge loben
Uns Pfannekuchen und Salat.
Wie unsre Liese delikat
So etwas backt und zubereitet,
Sei hier in Worten angedeutet.
Drei Eier, frisch und ohne Fehl,
Und Milch und einen Löffel Mehl,
Die quirlt sie fleißig durcheinand
Zu einem innigen Verband.
Sodann, wenn Tränen auch ein Übel,
Zerstückelt sie und mengt die Zwiebel
Mit Öl und Salz zu einer Brühe,
Daß der Salat sie an sich ziehe.
Um diesen ferner herzustellen,
Hat sie Kartoffeln abzupellen.
Da heißt es, fix die Finger brauchen,
Den Mund zu spitzen und zu hauchen,
Denn heiß geschnitten nur allein
Kann der Salat geschmeidig sein.
Hierauf so geht es wieder heiter
Mit unserem Pfannekuchen weiter.
Nachdem das Feuer leicht geschürt,
Die Pfanne sorgsam auspoliert,
Der Würfelspeck hineingeschüttelt,
So daß es lustig brät und brittelt,
Pisch, kommt darüber mit Gezisch
Das ersterwähnte Kunstgemisch.
Nun zeigt besonders und apart
Sich Lieschens Geistesgegenwart,
Denn nur zu bald, wie allbekannt,
Ist solch ein Kuchen angebrannt.
Sie prickelt ihn, sie stochert ihn.
Sie rüttelt, schüttelt, lockert ihn
Und lüftet ihn, bis augenscheinlich
Die Unterseite eben bräunlich,
Die umgekehrt geschickt und prompt
Jetzt ihrerseits nach oben kommt.
Geduld, es währt nur noch ein bissel,
Dann liegt der Kuchen auf der Schüssel.
Doch späterhin die Einverleibung,
Wie die zu Mund und Herzen spricht,
Das spottet jeglicher Beschreibung,
Und darum endet das Gedicht.

*Wilhelm Busch*

# Weißerübensuppe

Rindfleisch schlage, stampfe, klopfe,
Brüh' es ab im irdnen Topfe,
Spargelschnitzel, Portulacke
Nimm aus sauberm Sommersacke,

Morcheln, eine ganze Sippe,
Ziehe von der Fensterstrippe,
Petersilie, Kohl von Wirsich,
Sellerie (den ›Bowlenpfirsich‹),
Gelbe Möhren, große, runde,
Laß sie kochen eine Stunde,
Laß sie kochen, bis die Trübe
Klar sich schäumt, – dann *Rübe, Rübe,*
*Weiße Rübe* schnell hinein,
Und so wird's gelungen sein!

*Theodor Fontane*

# Genudelt

## mahlzeit

haben stecken in das mund
das nudelrund auf gabel
haben zumachen das mund
haben rausziehen aus mund
ohne nudelrund das gabel
sein drinbleiben in mund
ohne gabel das nudelrund
haben schlucken das nudelrund
sein das nudelrund gehen in magen
so machen haben oft
essen haben pasta asciutta

*Ernst Jandl*

## Spaghetti

Nur eins von tausend Englein
Stehe mir ausnahmsweise jetzt bei.
Denn die Spaghetti-Schlänglein
Entglitschen immer dicht vor dem Mund.
Und das sieht aus wie Schweinerei
Und sticht die ganze Zunge wund.
Und ich bin doch hier feiner
Kaufleute Gast und schaufle schon
Zwei Stunden rum an der Portion
Und sie wird gar nicht kleiner.

*Joachim Ringelnatz*

# Frischkäseravioli

Für 4 Portionen:

*Nudelteig*

150 g Mehl
30 g Hartweizenmehl (Semola)
3 Eigelb
1 Ei
1 Msp. Salz
1 TL Olivenöl

*Füllung*

150 g Frischkäse
3 Eigelb
1 TL frischer Kerbel, gehackt
1 TL Basilikum, fein geschnitten
2 TL Blattpetersilie, gehackt
Salz und schwarzer Pfeffer aus der Mühle

*... in den mund*

Den Frischkäse in einem Tuch gut auspressen und dann mit den anderen Zutaten gründlich verarbeiten.

Mehl auf ein Nudelbrett häufen und in der Mitte ein Loch freischieben. Die Eier hineinschlagen, das Olivenöl dazugeben und alles zu einem glatten Teig kneten. Der Teig sollte fest sein und darf ruhig an Knetmasse erinnern.

Es ist von Vorteil, zuerst etwas weniger Mehl zu nehmen und den Teig weich anzukneten, um dann allmählich so viel Mehl hinzuzugeben, bis die gewünschte Festigkeit erreicht ist. Hat man eine Nudelmaschine, so kann man darin den Teig auf weitester Stufe walzen, immer wieder, bis er glatt ist.
Den Teig mit Mehl bestäuben, in der Nudelmaschine oder mit dem Wellholz auf einer

# das nudelrund

möglichst ebenen Platte (Steinplatte wäre ideal) auswellen. Bierdeckelbreite Bahnen schneiden. Kleine, teelöffelgroße Käsenocken auf die eine Bahn setzen und mit einer anderen Bahn zudecken. Die Teigränder kann man mit etwas Wasser benetzen, so verbinden sich die beiden Schichten besser miteinander. Zwischen den einzelnen Füllungspunkten mit dem Messer durchtrennen, z.B. Dreiecke schneiden und jeweils den Rand mit den Fingern fest andrücken.

Anschließend die Ravioli 2 Minuten im sprudelnden Wasser kochen und mit der restlichen Füllung lauwarm servieren.

# Die Fabel von Schnabels Gabel

Kannten Sie Christian Leberecht Schnabel?
Ich habe ihn gekannt.
Vor seiner Zeit gab es die vierzinkige,
die dreizinkige
und auch schon die zweizinkige Gabel.
Doch jener Christian Leberecht Schnabel,
das war der Mann,
der in schlaflosen Nächten die einzinkige Gabel
entdeckte, bzw. erfand.

Das Einfachste ist immer das Schwerste.
Die einzinkige Gabel
lag seit Jahrhunderten auf der Hand.
Aber Christian Leberecht Schnabel
war eben der erste,
der die einzinkige Gabel erfand!

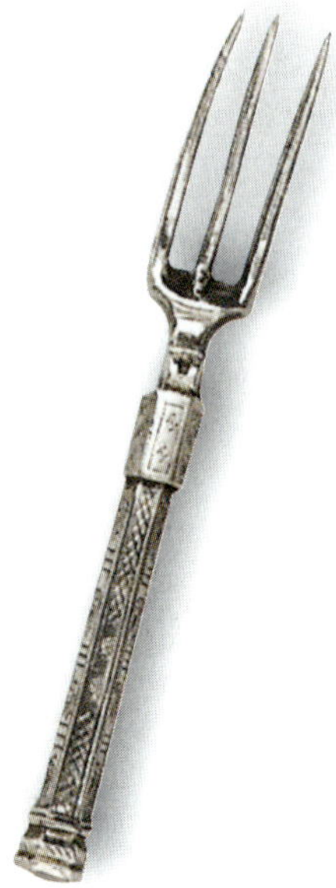

Die Menschen sind wie die Kinder.
Christian Leberecht Schnabel
teilte mit seiner Gabel
das Schicksal aller Entdecker, bzw. Erfinder.

Einzinkige Gabeln,
wurde Schnabeln
erklärt,
seien nichts wert.

Sie entbehrten als Teil des Bestecks
jeden praktischen Zwecks,
und man könne, sagte man Schnabeln,
mit seiner Gabel nicht gabeln.

Die Menschen glaubten tatsächlich, daß Schnabel
etwas Konkretes bezweckte,
als er die einzinkige Gabel
erfand, bzw. entdeckte!
Ha!

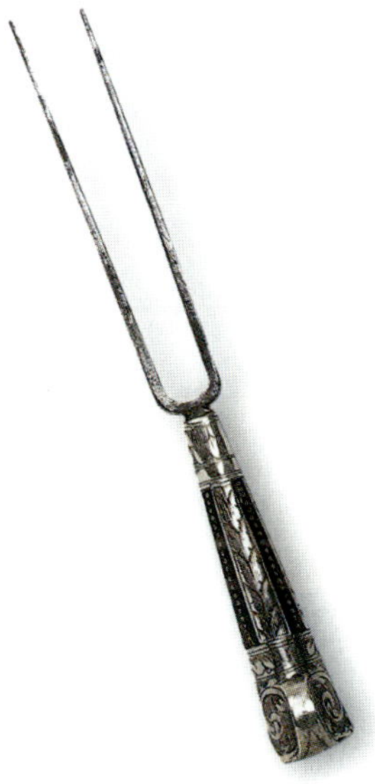

Ihm ging es um nichts Reelles.
(Und deshalb ging es ihm schlecht.)
Ihm ging es um Prinzipielles!
Und insofern hatte Schnabel
mit der von ihm erfundenen Gabel
natürlich recht.

*Erich Kästner*

# Berliner

Ein Vergnügen eigner Art
Ist doch eine Wasserfahrt,
Und ein Vergnügen (frage nicht wie)
Ist eine Berliner Landpartie.
Vorortszug mit einem Bremser,
Droschke, Dampfschiff oder Kremser,
Fahnen, rote, blaue, gelbe,
Das Vergnügen ist dasselbe,
Welches Bild schon unterweges,
Welche Fülle goldnen Seges,
Goldner Sand in weitem Kreise,
Bahndamm, Schienen und Geleise,
Pfiff, Geklingel, Klopptrompete,
Lange, lange Spargelbeete,
Nicht mehr Köpfe, nicht mehr Sprossen,
Längst in Samen aufgeschossen,
Staub und Qualm und Hochstrom ah,
Ah, nun kommt's, nun sind wir da.
Lange Reihen, Tische, Tische,
Neu gestrichen, welche Frische,
Freilich etwas terpentinen,
Aber dafür welche Mienen,
Alles atmet tiefen Frieden,
Und zu stören diesen Frieden
Ist dem Platz hier heut beschieden.

# Landpartie

Kaffee! Kellner, drei Portionen,
O wie lieblich, hier zu wohnen!
O wie weht die Luft hier freier,
Und der Teich da und der Weiher
Und das liebe Schwanenhaus,
Enten fahren ein und aus,
Still die Kegelkugeln liegen,
Dicht sich aneinander schmiegen
Und das Sandfeld, daß es sich verjüngt,
Eben wird es stark gedüngt,
Und der Luftzug drüber, drüber
Trägt die Luft zu uns herüber.
Und nun kommt der Kellner Töffel,
Dicke Tassen, Nickellöffel,
Einige dünn und vorwurfssfrei,
Andre noch mit etwas Ei.
Drei Stück Zucker pro Person,
Und der Deckel klappert schon.
Mokka, Java sind Stationen,
Die weit auf dem Monde wohnen,
Mutter, die zu sparen liebt, rechnet,
Ob es was zu retten gibt.
Laura möchte Wasserfahren,
Doch mit aufgelösten Haaren,
Hedwig mit den dünnen Ärmen,

Hedwig möcht' im Walde schwärmen,
Hugo will den Wald genießen,
Hermann nach der Scheibe schießen,
Mutters Lippe zieht sich schief,
Ach, sie kennt den Schußtarif,
Vater hat ein Herz genommen,
Läßt sich einen Cognac kommen,
Vater winkt den Kellner her,
Zahlt ihm 15 Pfennig mehr,
Ein' Moment, wo Mutter nicht aufgepaßt,
Hat er glücklich erpaßt.
Unter Gähnen, Mückenmorden
Ist es endlich sieben geworden,
Mutter macht sich schon bereit,
Mann, ich denke, es ist nu Zeit,
Möchte gern noch länger bleiben,
Doch man muß nicht übertreiben,
Wenn am höchsten der Genuß,
Allemal man schließen muß,
Darin bin ich großgezogen,
Und es hat mich nie betrogen.
Alle haben Rückfahrtskarten,
Alle müssen deshalb warten,
9 Uhr geht der nächste Zug,
9 Uhr ist auch früh genug,
9 1/2 , da landen sie, –
War Berliner Landpartie.

*Theodor Fontane*

# An die Firma H. W. Schlichte

(16. Januar 1933)

Noch Westfälschen zu den beiden
Eignen Schinken: Bin ich nicht
Zu beneiden?
Darf ich Schlichte dazu trinken,
Sehe ich die Sterne blinken
Und daraus wird ein Gedicht
Oder längere Geschichte
Oder gar noch mehr.
Also, liebe Firma Schlichte,
Dank! Ich danke sehr.

*Joachim Ringelnatz*

# Folgen der

…

Seht ihn an, den Hummer,
Trinkt er, wird er dummer.
Hört, wie er durchs Nordmeer keift,
ob ihm wer die Scheren schleift.

Seht sie an, die Meise.
Trinkt sie, baut sie Scheiße.
Da! Grad rauscht ihr drittes Ei
wieder voll am Nest vorbei.

Seht ihn an, den Dichter.
Trinkt er, wird er schlichter.
Ach, schon fällt ihm gar kein Reim
auf das Reimwort ›Reim‹ mehr eim.

*Robert Gernhardt*

# Trunkenheit

# Ratschlag für gutes Trinken

O trinke nie um etwas zu vergessen.
Es sinkt nur um so schwerer in dich ein.
Und trinke lieber bei und nach dem Essen:
Zuerst ein klarer Schnaps. Dann Bier. Dann Wein.

Viel besser ist, beim Trunk sich zu erinnern.
Die Seele spinnt, wenn man gelassen säuft,
Ein zart Gewebe, gleich den Seidenspinnern,
Dieweil die Rede hin und wieder läuft.

Am besten trinkt sich's im vertrauten Kreise,
Um einen Tisch gesellt, daran man lang
Und müßig sitzt, mit faulem Fleiße
Einander steigernd bis zum Pansgesang!

Vermeide stets, dich einsam zu besaufen,
Und laß es bleiben, wenn du traurig bist.
Doch laß getrost dich voll und voller laufen,
Wenn dir so ist, wie mir es immer ist.

Hör auf, wenn dir im Kopf die Bienen sausen,
Hör auf, wenn Ärger oder Scham dich plagt.
Doch segne jenes ungeheure Brausen
Windstiller Nächte, kurz bevor es tagt.

Dann mag geschehen, während Fensterscheiben
Wie Gletscher blühn im ersten Morgenstrahl,
Daß Worte dir und Bilder sich verleiben,
Und dir für immer eingebildet bleiben,

Wie eine unverrückbar heilige Zahl.

*Carl Zuckmayer*

# *Keiner zuviel*

Bring' ein *paar* Freunde mit; denn viele
Das, freilich, leidet nicht mein Wein,
Und denn so werden meine Stühle
Nur grad' ein halbes Dutzend sein.
Statt eines horchenden Lakain,
Soll dir ein Mädchen, dem kein Harm,
Kein Liebesdurst die Wangen bleichen,
Mit aufgestreiftem rundem Arm
Die spiegelblanken Teller reichen.
Sprich über Deutschlands Potentaten,
Das Mädchen, ich bin gut dafür,
Wird dem Fiskal dich nicht verraten
Und hinterm Stuhle, wie betäubt,
Nur lauern, ob vom Hasenbraten
Für sie ein Stückchen übrig bleibt?
So komm denn und vergiß mir nicht,
Ein faltenleeres Angesicht
Und deine Harfe mitzubringen,
Wie sollen meine Jungen springen,
Und zu der roten Gläser Klang
Amalia so süß uns singen!
Wie wird mein Weibchen mich umschlingen
Und froh verstummen im Gesang!

*Leopold Friedrich Günther von Goeckingk*

# Sieben Häute

Die Zwiebel liegt weißgeschält auf dem kalten Herd
Sie leuchtet aus ihrer innersten Haut daneben das Messer
Die Zwiebel allein das Messer allein die Hausfrau
Lief weinend die Treppe hinab so hatte die Zwiebel
Ihr zugesetzt oder die Stellung der Sonne überm Nachbarhaus
Wenn sie nicht wiederkommt wenn sie nicht bald
Wiederkommt findet der Mann die Zwiebel sanft und das
Messer beschlagen

*Sarah Kirsch*

# Lustmord

Sie stänkerte. Dennoch habe ich sie –
Weil sie käuflich war – gekauft.
Und habe, vielleicht aus Ironie,
Sie »Mucker« getauft.

Ich riß ihr gierig mit rauher Hand
Die einzelnen Kleider herunter,
Zunächst ein leichtes Flittergewand,
Dann anderen, gröberen Plunder.

Und Rock und Röckchen nach Röckchen fiel
Herab. Ich riß und zerfetzte
Mit Wollust. Ich wollte – das war mein Ziel –
Das Nackte, das Wahre, das Letzte.

Doch immer, wenn ich das rosige Glück
Der Nacktheit zu schauen vermeinte,
Kam wieder noch irgend ein Kleidungsstück.
Ich wütete weiter, ich weinte.

Doch als ich sie völlig enthemdet
Hatte, blieb nichts, restlos nichts.
Und in dieses Nichts bohrt befremdet
Der Stachel meines Gedichts.

Jedoch erübrigt sich jede
Kritik, jeder Kommentar,
Weil die, von der ich hier rede,
Eine Zwiebel war.

*Joachim Ringelnatz*

# Gemüsezwiebeln mit Scampi gefüllt

Für 4 Portionen:

4 große Gemüsezwiebeln
6 Scampischwänze
2 Schalotten, fein gehackt
1 Knoblauchzehe, gequetscht
4 Zweige Basilikum, gehackt
1 EL schwarze Oliven, entkernt und fein gewürfelt
3 Tomaten, geschält und gehackt
2 EL Brotbrösel
1 EL Butter
1 EL Olivenöl

*... das rosige Glück*

Die Zwiebeln mit einem kleinen, halbkugeligen Parisienneausstecher aushöhlen. Das Ausgestochene klein schneiden und grob hacken. Die Scampischwänze schälen, in Würfel schneiden, pfeffern, salzen und in Olivenöl mit den gehackten Zwiebeln kross rösten.

Die Pfanne vom Feuer nehmen und den Inhalt zur Seite stellen.
Schalotten, Oliven und Knoblauch in Olivenöl andünsten. Der Knoblauch kommt erst ganz am Schluss dazu, da er leicht verbrennt. Die Tomaten ohne Kerne in Würfel

# der Nacktheit

schneiden, Haut kann dran bleiben, kurz durchschwenken und alles in eine Schüssel geben. Nun die Scampiwürfel und das gehackte Basilikum darunter mischen, mit Pfeffer und Salz abschmecken und die Masse in die ausgehöhlten Zwiebeln füllen. Diese mit Brotbrösel bestreuen und mit einer Butterflocke versehen. Zehn Minuten unter die Grillschlange stellen und anrichten.

# Der Zwiebel-Traum

(Als der Dichter im Pfarrhaus zu Winsheim in einer Kammer zu schlafen hatte, wo Zwiebeln aufbewahrt wurden)

Ganz richtig hört ich sagen,
Daß, wer in Zwiebeln schlief,
Hinunter ward getragen
In Träume schwer und tief;

Dem Wachen selbst geblieben
Sei irren Wahnes Spur,
Die Nahen und die Lieben
Hielt er für Zwiebeln nur.

Und gegen dieses Übel,
Das gar nicht angenehm,
Hilft selber nur die Zwiebel,
Nach Hahnemanns System.

Dies laßt uns gleich versuchen –
Gott gebe, daß es glückt –
Und schafft mir Zwiebelkuchen
Sonst werd ich noch verrückt!

*Eduard Mörike*

# Torten -

schlankheitstorte

Und zum Geburtstag wünsch ich mir
eine schlankheitstorte
bei jedem Bissen
nehme ich 100 g ab.

*Christa Reinig*

# Schlachten

Die Torte

Ein Mensch kriegt eine schöne Torte.
Drauf stehn in Zuckerguß die Worte:
»Zum heutigen Geburtstag Glück!«
Der Mensch ißt selber nicht ein Stück,
Doch muß er in gewaltigen Keilen
Das Wunderwerk ringsum verteilen.
Das »Glück«, das »heu«, der »Tag« verschwindet,
Und als er nachts die Torte findet,
Da ist der Text nur mehr ganz kurz.
Er lautet nämlich nur noch: ..»burts«..
Der Mensch, zur Freude jäh entschlossen,
Hat diesen Rest vergnügt genossen.

*Eugen Roth*

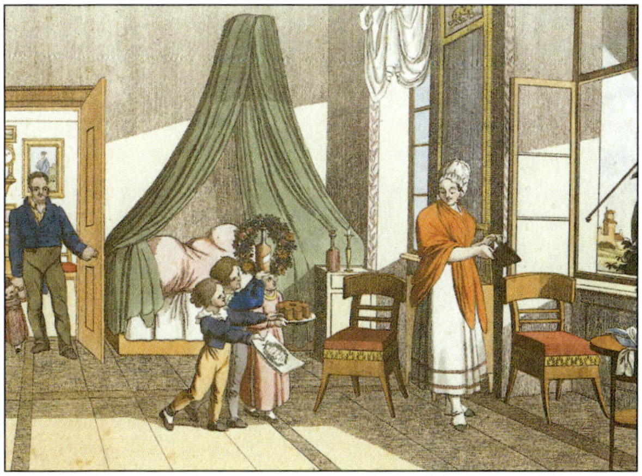

# Kant

Eines Tags geschah es Kant,
dass er keine Worte fand.

Stundenlang hielt er den Mund,
und er schwieg – nicht ohne Grund.

Ihm fiel absolut nichts ein,
drum ließ er das Sprechen sein.

Erst als man zum Essen rief,
wurd' er wieder kreativ,

und er sprach die schönen Worte:
»Gibt es hinterher noch Torte?«

*Robert Gernhardt*

# Tarte von Heidelbeeren

*Topfenteig*

250 Mehl, gesiebt
250 g abgetropfter Magerquark
oder Schichtkäse
1 Prise Salz
1 Vanilleschote, ausgekratzt
250 g Butter

*Mascarponecreme*

2 Eigelb
250 g Mascarpone
2 EL Puderzucker

*Belag*

500 g Heidelbeeren
100 g Johannisbeergelee

Ein Mensch kriegt

Alle Zutaten für den Topfenteig mit einem großen Messer durchhacken und mit den Händen zu einem glatten Teig kneten. Den Teig zu einer Kugel rollen, in Folie wickeln und eine Stunde kalt stellen.
Danach den Teig auf einer leicht bemehlten Arbeitsfläche zwei bis drei mm dick ausrollen. Damit die Tarteform oder kleine Tarteförmchen dünn auslegen und blind backen, etwa 15 min bei 180°C. Der restliche Teig kann im Kühlschrank ohne weiteres eine Woche verwahrt werden.
Inzwischen die Zutaten zur Mascarponecreme vermischen und alles steif schlagen.

## eine schöne Torte

Die fertigen Teigböden mit der Mascarponecreme bestreichen und mit den Heidelbeeren, mindestens 1 cm hoch, belegen.

Das Johannisbeergelee erhitzen, glatt rühren und wieder abkühlen lassen. Bevor das Gelee anzudicken beginnt, werden die Heidelbeeren damit überzogen. Den Rest der Mascarponecreme zur Torte reichen.

# Frankfurter Brenten

Mandeln erstlich, rat ich dir,
Nimm drei Pfunde, besser vier
(Im Verhältnis nach Belieben);
Diese werden nun gestoßen
Und mit ordinärem Rosen–
Wasser feinstens abgerieben.
Je aufs Pfund Mandeln akkurat
Drei Vierling Zucker ohne Gnad.
Denselben in den Mörsel bring,
Hierauf ihn durch ein Haarsieb schwing!
Von deinen irdenen Gefäßen
Sollst du mir dann ein Ding erlesen –
Was man sonst eine Kachel nennt;
Doch sei sie neu zu diesem End!
Drein füllen wir den ganzen Plunder
Und legen frische Kohlen unter.
Jetzt rühr und rühr ohn Unterlaß,
Bis sich verdicken will die Maß,
Und rührst du eine Stunde voll:
Am eingetauchten Finger soll
Das Kleinste nicht mehr hängen bleiben;
So lange müssen wir es treiben.
Nun aber bringe das Gebrodel
In eine Schüssel (der Poet,
Weil ihm der Reim vor allem geht,
Will schlechterdings hier einen Model,
Indes der Koch auf ersterer besteht!)
Darinne drück's zusammen gut;
Und hat es über Nacht geruht,
Sollst du's durchkneten Stück für Stück,
Auswellen messerrückendick
(Je weniger Mehl du streuest ein,
Um desto besser wird es sein).
Alsdann in Formen sei's geprägt,
Wie man bei Weingebacknem pflegt;
Zuletzt – das wird der Sache frommen,
Den Bäcker scharf in Pflicht genommen,
Daß sie schön gelb vom Ofen kommen!

*Eduard Mörike*

# Kontrast

Das süße Zeug ohne Saft und Kraft!
Es hat mir all mein Gedärm erschlafft.
Es roch, ich will des Henkers sein,
Wie lauter welke Rosen und Kamilleblümelein.
Mir ward ganz übel, mauserig, dumm,
Lief in den Garten hinterm Haus,
Zog einen herzhaften Rettich aus,
Fraß ihn auch auf bis auf den Schwanz,
Da war ich wieder frisch und genesen ganz.

*Eduard Mörike*

# zu süßem Zeug

# Rettichsuppe mit Kochschinkencroutons

Für 4 Portionen:

300 g Rettich
1 Schalotte, fein gehackt
1 Knoblauchzehe, gequetscht
1 Bund Blattpetersilie
1 TL Damaszenerkümmel (Jungfer im Grünen), frisch gemörsert
1 EL Butter
1/4 l Weißwein
1/4 l Fleischbrühe
3 Weißbrotscheiben, in fünfmarkstückgroße Quadrate schneiden
3 Kochschinkenscheiben

*... da war ich*

Rettich passt zum Bier, das ist wohlbekannt, roh gesalzen und dünn geschnitten ist er nicht jedem bekömmlich. Ihn zu kochen ist aber keineswegs eine Neuheit. In Asien, wo Rettiche Volksnahrungsmittel sind, kann sich niemand vorstellen, dieses Gemüse roh zu essen. Die Mehrzahl der Menschheit isst Rettiche gekocht. Wie das schmeckt? Es lässt sich gut mit gekochtem Kohlrabi vergleichen: das Gemüse ist bekömmlich und wirkt fast elegant. Sozusagen von deutschem Bierernst befreit.

Die Rettiche schälen und klein schneiden. Würfeln ist nicht nötig, da er nachher sowieso gemixt wird. Mit den Schalotten und dem

# wieder frisch

Knoblauch in Butter andünsten. Bevor sie braun werden, rechtzeitig mit Weißwein und Fleischbrühe auffüllen und weichkochen.

In einer separaten Pfanne etwas Butter schmelzen und die Weißbrottaler darin von beiden Seiten knusprig rösten. Mit passend zugeschnittenen Schinkenstückchen belegen, dann umdrehen und die Schinkenseite auch noch kurz anbraten.

Die Suppe im Mixer pürieren und mit Salz, schwarzem Pfeffer und dem geschroteten Damaszenerkümmel abschmecken.
Die Schinkencroutons warm dazureichen.

# Rache,

Johann Ohneland füllt seinen Wanst

Leben das heißt essen
Was es immer sei
In tiefsten Eingeweiden
Steht dir die Rache frei

Ein glückliches Gelage
Verjagt sogar den Tod
Der in deinem Leibe
Lauernd dich bedroht

Deine Kiefer schneiden
Des Rindes Kraft zustück
Deine Zunge schaudert
Vorm Gold des Eis zurück

Zerbeiß die zarte Wachtel
Mit deiner Zähne Wut
Und das gefleckte Rebhuhn
Das dich füllt mit Glut

# warm genossen

Zernag den frechen Flügel
Die Zwiebel reiß entzwei
Bis von der ganzen Aussaat
Ein Strunk nur übrig sei

Zerhacke die Schalotte
Nimm Kerbel feingeschabt
Für diesen Schweinebraten
An dem dein Blick sich labt

Verschling die weiche Seide
Der sauren Sahne nur
Und friß der Butterschmälze
Weißlichen Velour

Lauf auf zu Hochzeitsmählern
Saug den Hummer aus
Heiz dir ein mit Fetten
Dann beim Leichenschmaus

Wenn das Festgetöse
Dir im Ohre gellt
Fühle wie allmählich
Die Morgenfrucht verfällt

Ja schlage mit Kaldaunen
Und mit starkem Wein
Schlachten die dich endlich
Vom dürren Tod befrein

*Yvan Goll*

# Fontanes Perle

Am Bache stehn Vergißmeinnicht.
Und drüben steht die Erle,
Dazwischen blitzt, wie Silberschein,
Des Baches Kind, die Schmerle*.

Was solln mir Aland, Blei und Hecht
Und andre große Kerle,
Forelle, ja, das ist mir recht
Und doppelt recht die Schmerle.

Der kleinste Fürst im Deutschen Reich
Das war der Fürst von Werle,
Der kleinste Fisch in Bach und Teich
Ist immer noch die Schmerle.

Genug, genug der Reimereien
Auf Schmerlen oder Schmerle.
Hoch, dreimal, unsre schöne Frau
Der Perlen schönste Perle.

*Theodor Fontane*

*Gemeint ist die Bachschmerle, Noemacheilus barbatulus, ein stationärer Grundfisch, der nur bis zu 16 cm lang wird.

# Der fromme Hecht

Ein Hecht, vom heiligen Antōn
bekehrt, beschloß, samt Frau und Sohn,
am vegetarischen Gedanken
moralisch sich emporzuranken.

Er aß seit jenem nur noch dies:
Seegras, Seerose und Seegrieß.
Doch Grieß, Gras, Rose floß, o Graus,
entsetzlich wieder hinten aus.

Der ganze Teich ward angesteckt.
Fünfhundert Fische sind verreckt.
Doch Sankt Antōn, gerufen eilig,
sprach nichts als: Heilig! heilig! heilig!

*Christian Morgenstern*

# Hechtklößchen

Für 4 Portionen:

400 g Hechtfilet (oder Forelle) ohne Haut
1/4 l Sahne
1/2 TL gemahlener Koriander
Salz und weißer Pfeffer aus der Mühle

*Zum Gratinieren:*

1 Zweig Salbei
1 EL Butter
1 EL geriebenes Weißbrot

## Ein Hecht, vom

Wichtig ist, dass die Zutaten sehr kalt sind, am besten stellt man sie alle für eine Stunde in den Tiefkühler. Selbst wenn das Fischfleisch etwas angefroren sein sollte, ist das kein Schaden.
Das Hechtfilet in Streifen schneiden und mit den Gewürzen im Cutter zerkleinern. Sahne hinzugeben und die Maschine so lange laufen lassen, bis der Inhalt glatt glänzt. Sind noch einige gröbere Stückchen in der Masse, so macht das nichts. Es ist wichtig, dass alles schnell geschieht, denn mit der Erwärmung steigt die Gefahr des Gerinnens. Wenn das passiert, einfach die Cutterschale mit gesamtem Inhalt in den Tiefkühler stellen und bis auf den Gefrierpunkt herunterkühlen. Dann ein ebenso kühles Ei dazugeben und die Prozedur von vorne beginnen. Sobald das Fischbrät einigermaßen glatt ist, muss der Vorgang beendet werden.

# heiligen Anton bekehrt

Ein Tipp: Ist die Farce zu dick, so gibt man etwas Sahne hinzu, ist sie zu dünn, den Cutter ein bisschen länger laufen lassen. Der Grund für die unterschiedliche Beschaffenheit liegt an den PH-Werten des Fischfleisches: je frischer, um so besser halten die Klößchen zusammen. Klößchen ausstechen: Ein flacher Topf, hoch gefüllt mit leicht gesalzenem Wasser köchelt vor sich hin. Ein Suppenlöffel wird ins Wasser getaucht und fährt anschließend ins Brät, um sich einen eiförmigen Kloß auszustechen. Er sollte eine Viertelstunde im Wasser ziehen.
Die Klößchen mit Salbeistreifen belegen, mit Semmelbrösel bestreuen, eine Butterflocke daraufsetzen und gratinieren.
Dazu passen Würfelkartoffeln, die in der Mitte des Tellers angerichtet werden. In dieses ›Nest‹ die Hechtklößchen hineinlegen.

# Wenn die Begeisterung

Rundgesang

Champagner,
Du *Königs*wein!
Die Krone der Weine geheißen,
Kannst du deinen Namen erweisen,
Machst reich und selig alles umher
Und herrschest oft leider nur gar zu sehr!
Champagner,
Du Königswein!
Sollst fürder und fürder mein Liebling sein.

Champagner,
Du *Mädchen*wein!
So sanft von außen und stille,
Birgt Flammen die täuschende Hülle,
Und bist du auch bleich – genug davon.
Die Bleichsucht der Mädchen kennt man schon.
Champagner,
Du Mädchenwein,
Sollst fürder und fürder mein Liebling sein.

# *überschäumt*

Champagner,
Du *Liebes*wein!
Im Taumel der Freude getrunken,
Wird jeder Tropfen zum Funken
Und senkt uns, von dir begeistert und warm,
Der lauernden Lieb in den lockenden Arm.
Champagner,
Du Liebeswein,
Sollst fürder und fürder mein Liebling sein.

Champagner,
Du *freier* Wein!
Geboren in freiem Lande,
Verschmähst du knechtische Bande,
Und wenn dich der trotzige Stöpsel engt,
So wird er knallend zur Decke gesprengt.
Champagner,
Du freier Wein,
Sollst fürder und fürder mein Liebling sein.

Champagner,
Du *Freundschafts*wein!
Sobald deine Geister erscheinen,
Muß sich das Entzweite vereinen.
Ein jeder den Nachbar als Freund umschlingt
Und jubelnd mit ihm in den Chorus singt:
Champagner,
Du Götterwein,
Sollst ewiglich unser Liebling sein.

*Franz Grillparzer*

# Silvester

Was fange ich Silvester an?
Geh ich in Frack und meinen kessen
Blausanen Strümpfen zu dem Essen,
das Herr Generaldirektor gibt?
Wo man heut nur beim Tanzen schiebt?
Die Hausfrau dehnt sich wild im Sessel –
der Hausherr tut das sonst bei Dressel –,
das junge Volk verdrückt sich bald.
Der Sekt ist warm, der Kaffee kalt –
Prost Neujahr!
Ach, ich armer Mann!
Was fange ich Silvester an?

Wälz ich mich im Familienschoße?
Erst gibt es Hecht mit süßer Sauce,
dann gibt's Gelee. Dann gibt es Krach.
Der greise Männe selbst wird schwach.
Aufsteigen üble Knatschgerüche.
Der Hans knutscht Minna in der Küche.
Um zwölf steht Rührung auf der Uhr.
Die Bowle – ! (›Leichter Mosel‹ nur –).
Prost Neujahr!
Ach, ich armer Mann!
Was fange ich Silvester an?

Mach ich ins Amüsiervergnügen?
Drück ich mich in den Stadtbahnzügen?
Schrei ich in einer schwulen Bar:
»Huch, Schneeballblüte! Prost Neujahr – !«
Geh ich zur Firma Sklarz Geschwister –
(Nein, nein – ich bin ja kein Minister!)
Bleigießen? Ists ein Fladen klein:
Dies wird wohl Deutschlands Zukunft sein …
Prost Neujahr!
Helft mir armem Mann!
Was fang ich bloß Silvester an – ?

(Einladungen dankend verbeten.)

*Kurt Tucholsky*

# Zwei Limmericks mit Hicks

Zu Austern ein Glas Chardonnay,
Ist etwas, worauf ich bestay.
Doch auch den Chablis
Verschmähe ich nis,
Der ist fast genauso okay.

Wir trinken gern Wein aus Bordeaux,
Der macht uns so heiter und freaux.
Doch trinkt man zu reichlich,
Dann ist's unausweichlich:
Man bereut es anderntags seaux.

*Ferri von Prien*

# Punschlied

Vier Elemente
Innig gesellt
Bilden das Leben,
Bauen die Welt.

Preßt der Zitrone
Saftigen Stern,
Herb ist des Lebens
Innerster Kern.

Jetzt mit des Zuckers
Linderndem Saft
Zähmet die herbe
Brennende Kraft.

Gießet des Wassers
Sprudelnden Schwall,
Wasser umfänget
Ruhig das All.

Tropfen des Geistes
Gießet hinein,
Leben dem Leben
Gibt er allein.

Eh es verdüftet,
Schöpfet es schnell,
Nur wenn er glühet,
Labet der Quell.

*Friedrich Schiller*

# Liebestrunken

Eine Neige Wein,
Eine Neige Liebe,
Daß vom Abendscheine
Nur so viel mir bliebe,
Meinen Doppelrest
Langsam auszutrinken,
Und zum Schlafe fest
In die Nacht zu sinken.

*Friedrich Rückert*

# Die perlende Witwe

»Pist! Kellner! Stell'n Sie eine kalt!
Und, Kellner! Aber möglichst bald!«
Der Kellner hört des Fremden Wort.
Es saust der Frack. Schon eilt er fort.
Wie lieb und luftig perlt die Blase
Der Witwe Klicko in dem Glase. –
Gelobt seist du viel tausendmal!

*Wilhelm Busch*

# Der rollende Wein

Die Beiden

Sie trug den Becher in der Hand
– Ihr Kinn und Mund glich seinem Rand – ,
So leicht und sicher war ihr Gang,
Kein Tropfen aus dem Becher sprang.

So leicht und fest war seine Hand:
Er ritt auf einem jungen Pferde,
Und mit nachlässiger Gebärde
Erzwang er, daß es zitternd stand.

Jedoch, wenn er aus ihrer Hand
Den leichten Becher nehmen sollte,
So war es beiden allzu schwer:
Denn beide bebten sie so sehr,
Daß keine Hand die andre fand
Und dunkler Wein am Boden rollte.

*Hugo von Hofmannsthal*

# Elegie auf

# einen Pfirsich

Pfirsich der Wollust
Ballerina die sich dreht wie ein Engelspiegel
Ich begegnete dir an einem Aprilabend deiner Jugend
Blume mit dem rosa Propeller
Und im Juli schon eine autonome Sphäre!

Globus der Erkenntnis
Tanzend im kaiserlichen Ballett der Welt
Festgeschraubt an das Sternengesetz
Mit den Schrauben und Knoten der Zweige
Atmest du unterm lackierten Zelt der Blätter
Arbeitest Tag und Nacht
Im Atelier der Gestirne dessen unsichtbare Treibriemen
Den kosmischen Strom liefern

Wie du errötest, Pfirsich der Liebe!
Aus der Schüchternheit der Morgenröten und der Scham der Abende
Schmiedest du in rastloser Zärtlichkeit
Deinen Kern des Weltalls Herz
Solider als Fels und sterblicher als Moos
Medaillon einer Dryade
In der das Geheimnis der bitter-süßen Mandel begraben liegt
Nun wohl, du bist mein, Unantastbare
Frucht aus welchem Garten von welchem Baum
Die ich in bar bezahlte in Drachmen in Rubel in Franken
Auf dem Ahornhügel

Im Tal der Erlen
In der Wiese der Marder
Im goldenen Weinberg im blauen Gemüsegarten
Pfirsich von welchem Pfirsichbaum
Tonnen deiner Planet-Früchte schüttelte ich herunter
Sie hatten nur einen Daseinszweck:
Zur faulenden Erde zu fallen
Und zu verwesen

Pfirsich in allen Obsthainen schüttle und küsse ich dich
Pfirsich der königlichen Terrassen des Orients
Pfirsich des Olymps die die Brüste der Aphrodite nachahmt

Kretischer Pfirsich von Dynamit zersprengt
Spalierpfirsich Lothringens an der Mauer der Geiseln
Pfirsich der alten Kreuzgehölze Kaukasiens und von Chan-Si
In Kirchhöfe verwandelt

O Pfirsich allen Fleisches!
Frucht der Liebe und des Verbrechens
Unschuld der Jungfrauen und Becher aus Blut
Mythologie des Herzens der Welt
Ich esse dich
Und spucke deinen Kern in die Zukunft

*Yvan Goll*

# Der Tanz um die

Die Orange

Wartet…, das schmeckt… Schon ists auf der Flucht.
… Wenig Musik nur, ein Stampfen, ein Summen –:
Mädchen, ihr warmen, Mädchen, ihr stummen,
tanzt den Geschmack der erfahrenen Frucht!

Tanzt die Orange. Wer kann sie vergessen,
wie sie, ertrinkend in sich, sich wehrt
wider ihr Süßsein. Ihr habt sie besessen.
Sie hat sich köstlich zu euch bekehrt.

Tanzt die Orange. Die wärmere Landschaft,
werft sie aus euch, daß die reife erstrahle
in Lüften der Heimat! Erglühte, enthüllt

Düfte um Düfte. Schafft die Verwandtschaft
mit der reinen, sich weigernden Schale,
mit dem Saft, der die Glückliche füllt!

*Rainer Maria Rilke*

# goldene Frucht

# Die Leiden des Gastes

## Der Gast

Ein Mensch, der frömmste auf der Welt,
Hat sich im Gasthaus was bestellt
Und sitzt nun da, ganz guter Dinge,
Gewärtig, daß man es ihm bringe.
Er schaut in stiller Seelenruh
Der Emsigkeit des Kellners zu,
Des wackern Mannes, des verlässigen,
Der furchtlos bändigt die Gefräßigen.
Doch bald, von leichtem Zorn gerötet,
Der Mensch ein leises »Bitte!« flötet,
Das leider ungehört verhallt,
Weshalb mit höherer Stimmgewalt
Und auch im Tone etwas grober
Der Mensch vernehmlich schreit: »Herr Ober!«
Auch dieser Ruf bleibt unerfüllt,
So dass der Mensch jetzt »Kellner!« brüllt.
Der Kellner, den dies Wort wie Gift
Ins Herz der Ober-Ehre trifft,
Tut, was ein standsbewußter Mann
Nur tun in solchen Fällen kann:
Er überhört es mild und heiter
Und schert sich um den Gast nicht weiter.
Der Mensch, gereizt zwar, aber feige,
Hält für geraten, daß er schweige.
Das Essen kommt, der Mensch vergißt;
Sagt höflich: »Danke sehr!« – und ißt.

*Eugen Roth*

BOEUF A LA MODE
et Cabinets a L'Entresol.

# Das Gemurmel eines Kellners

Kennst du den Kerl? Du kennst ihn auch?
Hier sieht man feine Gäste!
Ich habe eine Wut im Bauch,
die paßt nicht in die Weste.

Erst will der Kerl dort dünnen Tee.
Dann will er wieder stärkern.
Der Junge setzt sich ins Café,
um Kellner totzuärgern!

Er sitzt seit 10. Und fragt um 1,
ob wir kein Roastbeef hätten.
Doch sagt man Ja, dann mag er keins
und will fünf Zigaretten.

Man möchte manchmal solchen Herrn
was auf die Hose gießen.
O diese Sorte hab ich gern!
Man sollte sie erschießen!

Am Tage kriechen sie vorm Chef
auf möglichst allen vieren,
und abends denkt so ein Ganeff,
er darf sich revanchieren.

Da steht man hier. Und steckt im Frack.
Und macht devote Schritte.
Und möchte lieber diesem Pack –
Moment, er winkt... Mein Herr, Sie
wünschen, bitte?

*Erich Kästner*

# Zukunfts-Menues

Der Aromat

Angeregt durch Korfs Geruchs-Sonaten,
gründen Freunde einen ›Aromaten‹.

Einen Raum, in welchem, kurz gesprochen,
nicht geschluckt wird, sondern nur gerochen.

Gegen Einwurf kleiner Münzen treten
aus der Wand balsamische Trompeten,

die den Gästen in geblähte Nasen,
was sie wünschen, leicht und lustig blasen.

Und zugleich erscheint auf einem Schild
des Gerichtes wohlgetroffnes Bild.

Viele Hunderte, um nicht zu lügen,
speisen nun erst wirklich mit Vergnügen.

*Christian Morgenstern*

# Gebrauchsanweisung

Statt eines Nachworts

Bücher müssen sich heute rechtfertigen, damit man sie in Zeiten der elektronischen Medien nicht für absolut überflüssig hält. »Wozu dieses Buch?« heißt also die Pflichtfrage, die jeder Autor zu stellen und zu beantworten hat.
Bei diesem Buch ist diese Notwendigkeitserklärung ein harter Brocken. Beim Essen soll man es ja nicht lesen, damit es nicht leidet, es sei denn, es gäbe wie früher in den Klöstern immer einen, der vorliest, während die anderen ihm etwas voressen. Ein geeigneter Job, nebenbei, für einen Gast, der freudig zusagt und dann erklärt, er mache aber zur Zeit eine Diät, um dann stochernd den anderen den Appetit zu vermiesen. In allen anderen Fällen empfehlen sich drei Nutzanwendungen für dieses Buch.

## 1. Als Aperitif

Die Aufgabe des Aperitifs ist eindeutig: er soll aperire, zu deutsch: öffnen. Üblicherweise wird er bei diesem Auftrag aber arg eingeschränkt in seinen Befugnissen; den Magen soll er öffnen. Und was ist mit den übrigen Sinnen? Mit verschlossenen Augen und Ohren zu essen macht zwar mancherorts Sinn, aber dort gehen wir nur einmal hin. Der Speichelfluss ist bekanntlich wichtig für die Bekömmlichkeit des Essens. Und nachdem uns nicht beim Ertönen eines Tischgongs, den heute eh kaum einer mehr führt, das Wasser im Mund zusammenläuft wie den dafür berühmten Pawlowschen Hunden, braucht es andere Methoden, jene Feuchtigkeitsproduktion anzukurbeln, die auch dem erotischen Akt des Essens und Trinkens vorausgehen sollte. Dass manche Köche schon in der Küche ein Gläschen Champagner trinken, halten nur Ahnungslose für Veschwendung, denn der Aperitif animiert und inspiriert.
Und wer uninspirierte Gerichte runterwürgen will, sollte sich in die Büsche des Wienerwalds schlagen. Lassen Sie sich von Matthias Claudius anregen, einmal die Kartoffeln zu kochen, die hier erst in den letzten Jahren wieder auf die Märkte und zu Bekanntheit kamen: außen »schön rötlich« und innen »weiß wie Alabaster«. Kochen Sie einmal vegetarisch nach Fontane eine Weißerübensuppe. Oder nach Wilhelm Busch Pfannekuchen und Salat. Die machen zwar weniger Eindruck als ein Soufflé vom Lachs auf einem Spiegel, von der Kerbelsauce an einem Parfait von jungem Blattspinat, aber

sie machen auch weniger Arbeit und Unkosten. Oder entwickeln Sie mithilfe von Ringelnatz und Sarah Kirsch das nötige Mit- und Feingefühl für eine Zwiebel. Der Aperitif ist natürlich auch eine vorbeugende Maßnahme: er soll unseren Verdauungsapparat auf alles vorbereiten, was kommt. Auch darauf, dass etwas schief gehen könnte, wogegen Eugen Roths Schnitzelgedicht ausgezeichnet feit.
Hat der Kellner bei dem Gast, indem er dessen Anwesenheit so lange wie möglich ignoriert, für gallebittre Magensäfte gesorgt, wirkt Eugen Roths Gedicht über Gast und Kellner wie ein linderndes Sedativum der Einfühlsamkeit und hilft gastritische Beschwerden zu vermeiden. Vor allem aber öffnet der poetische Aperitif unsere Empfindsamkeit dafür, wie viel Mühe in dem wenigen steckt, was nun vor uns liegt – und dass die eigentliche Leistung des Kochs und des Dichters in der Verdichtung besteht.

## 2. Als Digestif

Auch beim Digestif ist klar, was er zu leisten hat: verdauen helfen. Aber bei manchen Mahlzeiten kommen Themen auf den Tisch, bei denen es mit einem Schnaps als Verdauungshilfe nicht getan ist. Und selbst wenn die Tischgespräche so leicht waren wie die Kost, liegt eines dennoch im Magen – jener Gedanke, der jeden sensiblen Menschen angesichts des leeren Tellers befällt: dass die hohe Kochkunst leider ephemer ist, verschwunden in unserem Bauch, wie wir einmal im Wanst der Erde verschwinden werden. Um solche melancholischen Anwandlungen bei Koch wie Konsument zu verjagen, ist nichts geeigneter als ein leichter poetischer Bitter, gewürzt mit dem Wermut der Nachdenklichkeit oder dem herben Kraut der Satire. Oder ein demisec Champagner, prickelnd vor Spottlust oder mit all seinen Facetten wie Ringelnatz und Grillparzer ihn servieren.

## 3. Als Beilage

Die Herabwürdigung zur Sättigungsbeilage schmeckt man ihr leider oft an – eine Tellerranderscheinung, die nicht zum Essen gedacht ist. Aber wenn ein Koch auf sich hält, dann muss die Beilage wie der perfekte Ehepartner eines Prominenten sein: Beide müssen so viel Geschmack und Klasse haben, dass sie völlig allein bestünden. Und jeder, der das feststellt, hinterdrein sagt: Warum ist sie nur so bescheiden, diese Frau an der Seite des Stardirigenten – oder diese Röstkartoffel an der Seite der Rehkeule. Leider geben wir knusprigen Ofenkartoffeln, hausgemachten Nudeln oder muskatduftendem Spinat selten die Gelegenheit zum Soloauftritt. Aber auch wenn die Beilage die Chance nicht kriegt: sie soll das Restgericht nicht allein ergänzen, sie soll es bereichern. Wer dieses Buch als Beilage zu einem vertilgbaren Geschenk verwendet, ermöglicht ihm, beide Fähigkeiten vorzuführen.

Denn wenn der bedichtete Wein, der gelobte Schnaps von Schlichte oder der besungene Champagner ausgetrunken, die gepriesenen Pfirsiche oder Orangen im Körbchen aufgezehrt sind, kann dieses Buch zeigen, dass es auch ohne die Hauptdarsteller etwas darstellt – so wie die Bratkartoffel gerade ohne den imposanten Schweinebraten an der Seite erst glänzen kann. Und wer es den Autoren nicht glaubt, dass die Bratkartoffel göttlich ist und höchste Ehren verdient, glaubt es vielleicht dem Verfasser der hier zitierten Hymne. Er hat immerhin den Literatur-Nobelpreis bekommen.

# Das poetische Team für Küche & Keller

Anonymus

Rose Ausländer 1907 bis 1988

Otto Julius Bierbaum 1865 bis 1910

Aloys Blumauer 1755 bis 1798

Bertold Brecht 1898 bis 1956

Hermann Broch 1886 bis 1951

Wilhelm Busch 1832 bis 1908

Matthias Claudius 1740 bis 1815

Hans Magnus Enzensberger geboren 1929

Theodor Fontane 1819 bis 1898

Friedrich der Große
(König Friedrich II. von Preußen) 1712 bis 1786

Robert Gernhardt geboren 1937

Leopold Friedrich Günther von Goeckingk
1748 bis 1828

Yvan Goll 1891 bis 1950

Günter Grass geboren 1927

Franz Grillparzer 1791 bis 1872

Friedrich von Hagedorn 1708 bis 1754

Ludwig Harig geboren 1927

Heinrich Heine 1797 bis 1856

Hugo von Hofmannsthal 1874 bis 1929

Ernst Jandl 1925 bis 2000

Erich Kästner 1899 bis 1974

Sarah Kirsch geboren 1935

Gotthold Ephraim Lessing 1729 bis 1781

Eduard Mörike 1804 bis 1875

Christian Morgenstern 1871 bis 1914

Ferri von Prien geboren 1949

Christa Reinig geboren 1926

Joachim Ringelnatz (eigentl. Hans Bötticher)
1883 bis 1934

Rainer Maria Rilke 1875 bis 1926

Friedrich Rückert 1788 bis 1866

Eugen Roth 1895 bis 1976

Hans Sachs 1494 bis 1576

Friedrich Schiller 1759 bis 1805

Kurt Tucholsky 1890 bis 1935

Rudolf Otto Wiemer geboren 1905

Carl Zuckmayer 1896 bis 1977

# *Die Herausgeberin*

Eva Gesine Baur hat alles studiert, was ins Schwarze der elterlichen Sorge trifft: die brotlosen Künste Literatur- und Musikwissenschaft, Kunstgeschichte und Operngesang. Nach ihrer Promotion arbeitete sie zuerst an einem Projekt der Deutschen Forschungsgemeinschaft mit, danach als Redakteurin, stellvertretende und Chefredakteurin bei Zeitschriftenverlagen und seither als freie Journalistin und Buchautorin. Sie vertritt die Ansicht, dass ans Schreiben und ans Kochen dieselben Anforderungen gestellt werden sollten: aus erstklassigen Zutaten etwas Wohlschmeckendes und Verdaubares schaffen, das Appetit macht auf weitere Gänge.
Im Übrigen: Ihre Liebe zur Poesie des Essens und Trinkens ist fast so alt wie sie selbst, denn sie genoss nach eigenen Angaben durch ihre Mutter »eine Erziehung in Versen und Anekdoten«.

*Bei dtv sind von Eva Gesine Baur erschienen:*

Feste der Phantasie - phantastische Feste (dtv 36101)
Der Luxus des einfachen Lebens (dtv 8475)
entflammt. Geschichten vom Verlieben (dtv 20334)
Philosophie der Passionen: Dessous (dtv 20265)
In der Reihe ›Der Reichtum der einfachen Küche‹ sind erschienen:
Italien (dtv 36040) · Frankreich (dtv 36041) · Spanien (dtv 36042)
Deutschland (dtv 36043) · Österreich (dtv 36044) · Schweiz (dtv 36045)

# *Der Meisterkoch*

Nach Gießen kommt man nur aus Versehen – finden die Schwaben. Auch Vincent Klink kam nur aus Versehen dorthin, fatalerweise zum Zeitpunkt seiner Geburt vor rund fünfzig Jahren. Den Anfeindungen durch Berufsschwaben, denen er deswegen ausgesetzt ist, gewinnt er in seinen Kolumnen eine positive Viertelseite ab, über die sich alle anderen Ausländer in Württemberg mitfreuen. Zu seinem Erstberuf als Koch kam Vincent Klink jedoch nicht aus Versehen, sondern durch den Vater, der wie alle Väter das Beste für seinen Sohn wollte. Selber Tierarzt in Schwäbisch Gmünd bangte ihm davor, den Junior in einem brotlosen Künstlerberuf, wie der ihn anvisierte, dahindarben zu sehen, und er riet ihm, den in wirtschaftswunderbaren Zeiten höchst viel versprechenden Beruf des Kochs zu erlernen. Dass sein Sohn mal einen deutlich höheren Stundenlohn für Zeitschriftenbeiträge kassieren würde, obwohl er doch Journalist gar nicht gelernt hat, als für seine prämierte Küche, hätte der Herr Papa damals nie glauben wollen. Vincent kapierte bereits in der Ausbildungszeit, dass sein Brotberuf drei Wochen altem Kommissbrot entsprach, eröffnete dennoch in Schwäbisch Gmünd den ›Postillon‹ und holte sich Leute wie Loriot, Gernhardt und Polt an den Tisch – damit die Prosa seines Alltags etwas Poesie bekomme. Von den Fans gedrängt, nach Stuttgart auszuwandern, um ihnen die wöchentliche Pilgerfahrt in die Provinz zu ersparen, stellte Vincent Klink fest: In Stuttgart bieten Querflötespielen, Motorradreparieren und Künstlerbewirten keinen ausreichenden Schutz gegen die phantasietötenden Killerviren der Biederkeit. Der bargeldlose Austausch von bibliophilen Erstausgaben gegen Essen wurde daher von seinem angeheirateten Chef, Elisabeth Klink, geduldig übersehen.

Als das zur Stärkung der Immunabwehr nicht ausreichte, griff Vincent anfangs zur Feder, dann zum PC und schließlich sogar zum Mikrofon: Sein Gedicht über die Leiden des nicht mehr jungen Kochs erlebte im April 2000 seine Uraufführung im Berliner Volkstheater.

*Vincent Klink ist Herausgeber und Mitautor von ›Cotta's kulinarischer Almanach‹ und einer Zeitschrift im Eigenverlag. Titel »Häuptling eigener Herd«. Motto: »Wir schnallen den Gürtel weiter.«*

*Restaurant Wielandshöhe*
*Alte Weinsteige 71*
*70597 Stuttgart-Degerloch*
*Tel. 0711/640 88 48*
*Fax 0711/640 94 08*

*Die Wegbeschreibung, alles Wissenswerte über das Restaurant und den Koch, seine Fernsehauftritte und seine literarische Produktion erfahren Sie über www.wielandshoehe.de*

# Die Rezepte

# Die Abbildungen

43 Antoine Watteau (1684-1721), *Le Faux Pas,* o.D. Louvre, Paris.

46 Eierständer, Gebrauchsort München, um 1910.

47 Henri Horace Roland de la Porte (1724-1793), *Der Eierkorb,* 1788. Louvre, Paris.

48 Jean François Millet (1814-1875), *Die Buttermacherin,* o.D. Musée d'Orsay, Paris. .

49 Alfred Roll (1846-1919), *Manda Lamétrie, die Frau des Bauern,* o.D. Musée d'Orsay, Paris.

51 Erste Darstellung der Kartoffel, mit einer handschriftlichen Notiz von Charles de l'Escluse, 1588. Museum Plantin-Moretus, Antwerpen.

52 Farblithographie nach Franz Meerts, *Der Kartoffelverkäufer,* aus: La Belgique Illustrée, um 1880. Sammlung Van Loock, Amsterdam.

57 Laurent Adenot (1848-1929), *Die bescheidene Mahlzeit,* o.D. Musée des Beaux-Arts, Dijon.

58 *Die Kartoffelküche.* Ein new Kochbuch, Marx Rumpolt, Frankfurt/Main, 1581.

61 Gerrit Dou (1613-1675), *Pfannkuchenverkäuferin,* o.D. Uffizien, Florenz.

62 Giuseppe Arcimboldo (1530?-1593), *Der Gemüsegärtner* (Umkehrbild), um 1590, Museo Civico, Cremona.

63 Wilhelm Frederik van Royen (1645-1723), *Die Mohrrübe,* 1699. Märkisches Museum, Berlin.

65 Jean Mieg (1791-1862), *Ein Markt in Italien,* 18. Jh. Musée des Beaux-Arts, Mulhouse.

68/69 Montage alter Gabeln, darunter Reisebesteck (aus einem Lederfutteral), Griffe aus Elfenbein, allegorische Figuren darstellend, 1761. Sammlung J. Hollander, Holland/Zeeland; Gabel mit zwei Zinken, Griff aus Schildpatt und vergoldetem Silber, 17. Jh. Sammlung J. Hollander, Deutschland.

70 Max Liebermann (1847-1935), *Spielende Kinder,* 1882. Privatbesitz © VG Bild-Kunst, Bonn 2000.

71 Max Liebermann (1847-1935), *Gartenlokal am Wasser,* 1915. Stiftung Pommern, Kiel © VG Bild-Kunst, Bonn 2000.

72 Max Liebermann (1847-1935), Restaurant *»De Oude Vink«* in Leiden, 1905. Kunsthaus Zürich © VG Bild-Kunst, Bonn 2000.

73 Max Liebermann (1847-1935), *Biergarten,* 1898. Wolfgang Gurlitt-Museum, Neue Galerie der Stadt Linz © VG Bild-Kunst, Bonn 2000.

74 Eduard Manet (1832-1883), *Der Schinken,* 1880. The Burrell Collection, Glasgow Museums and Art Galleries.

75 ›Schlichte Urbrannt‹ und ›Original Schlichte‹. Freundlicherweise zur Verfügung gestellt von Schwarze & Schlichte Markenvertriebs GmbH & Co., Oelde.

76 Georg Flegel (1566-1638), *Stilleben mit Blaumeise,* 1629. Historisches Museum, Frankfurt/Main; Jan Fyt (1611-1661), *Hummer in der Porzellanschale,* o.D. Museum Boymans-van Beuningen, Rotterdam.

77 Sebastian Stoskopff (1597-1657), *Beendetes Frühstück mit Hund,* um 1630. Sammlung Jean Max Tassel, Paris.

78 Michel-Ange Houasse (1680-1730), *Bacchanal,* 1719. Prado, Madrid.

80 Gerrit van Honthorst (1590-1656), *Gastmahl mit Lautenspieler,* o.D. Uffizien, Florenz.

81 Paul Cézanne (1839-1906), *Stilleben mit Zwiebeln,* o.D. Musée d'Orsay, Paris.

82 Anonymer Meister, *Küchenstilleben* (Detail), um 1600-1610, Privatbesitz.

86 Georg Flegel (1566-1638), *Herbst* (Ausschnitt), o.D. Slovenská Národná Galéria, Bratislava.

87 Collage aus: Anne-Louis Girodet-Trioson (1767-1824), *Der Schlaf des Endymion,* 1793. Louvre, Paris; Jacopo Chimenti, gen. L'Empli (1551-1640), *Küchenstilleben mit Obst, Gemüse und Schinken* (Detail), 1625. Sammlung Molinari Prdelli, Castenaso.

88 Tiziano Vecelli(o), gen. Tizian (1477 oder 1487/90-1576), *Maria Magdalena,* 1533-1535. Pitti, Galeria Palatina, Florenz.

89 Johann Michael Voltz (1784-1858), *Das Geburtstagsfest der Mutter,* aus: 12 Blätter Kinder-Bilder zur Unterhaltung und Belehrung, Nürnberg, um 1823.

90 Emil Doerstling (1859-?), *Kant und seine Tischgenossen,* Berlin, um 1900.

91 C. Friedrich Hagemann (1773-1806), *Kant, Senf zubereitend,* Berlin, 1801.

# Textnachweis

Rose Ausländer (1907-1988), *Einladung.* Aus: Rose Ausländer, Im Ascheregen die Spur deines Namens. Gedichte und Prosa 1976 © S. Fischer Verlag GmbH, Frankfurt am Main 1984.

Bertold Brecht (1898-1956), *Fröhlich vom Fleisch zu essen.* Aus: Bertolt Brecht, Gesammelte Werke © Suhrkamp Verlag, Frankfurt am Main 1967.

Hermann Broch (1886-1951), *Kulinarisches Liebeslied.* Aus: Gesammelte Werke. Gedichte. Hg. u. eingeleitet v. Erich Kahler, Zürich 1953 © Suhrkamp Verlag, Frankfurt am Main.

Hans Magnus Enzensberger (1929), *Mund.* Aus: Hans Magnus Enzensberger, Die Gedichte © Suhrkamp Verlag, Frankfurt am Main 1983.

Robert Gernhardt (1937), *Folgen der Trunksucht* (Auszug); Kant. Aus: Robert Gernhardt, Gedichte 1954-1997 © 1999 by Haffmans Verlag AG Zürich.

Yvan Goll (1891-1950), *Johann Ohneland füllt seinen Wanst.* Aus: Yvan Goll, Die Lyrik in vier Bänden. Band III. Jean sans Terre/Johann Ohneland, hg. u. kommentiert v. Barbara Glauert-Hesse im Auftrag der Fondation Yvan et Claire Goll, Saint-Dié-des-Vosges, S. 133-135 © 1996 Argon Verlag GmbH, Berlin. Alle Rechte bei und vorbehalten durch Wallstein Verlag, Göttingen; ders., *Elegie auf einen Pfirsich.* Aus: Yvan Goll, Traumkraut. Gedichte aus dem Nachlaß. Limes Verlag, München 1982 © Alle Rechte bei und vorbehalten durch Wallstein Verlag, Göttingen.

Günter Grass (1927), *Bratkartoffeln.* Aus: Günter Grass, Der Butt, Erstausgabe August 1977 © Steidl Verlag, Göttingen 1993.

Ludwig Harig (1927), *Lob des Rotweins.* Aus: Ludwig Harig, Weinlese © Ludwig Harig (Carl Hanser Verlag).

Ernst Jandl (1925-2000), *mahlzeit.* Aus: Ernst Jandl, poetische werke in 10 bänden, hg. v. K. Siblewski, Luchterhand Literaturverlag GmbH, München 1997, Band 8 (der gelbe hund), S. 193 © 1997 Luchterhand Literaturverlag GmbH, München.

Erich Kästner (1899-1974), *Aktuelle Albumverse II.* Aus: Erich Kästner, Gesang zwischen den Stühlen, München 1989; ders., *Die Fabel von Schnabels Gabel.* Aus: Erich Kästner, Doktor Erich Kästners Lyrische Hausapotheke, München 1988; ders., *Das Gemurmel eines Kellners.* Aus: Erich Kästner, Lärm im Spiegel, München 1988 © Atrium Verlag, Zürich und Thomas Kästner.

Sarah Kirsch (1935), *Sieben Häute.* Aus: Sarah Kirsch, Werke in fünf Bänden, Band 1 © 1999 Deutsche Verlags-Anstalt GmbH, Stuttgart.

Christa Reinig (1926), *schlankheitstorte.* Aus: Christa Reinig, Sämtliche Gedichte © Verlag Eremiten-Presse 1983.

Joachim Ringelnatz, eigentl. Hans Bötticher (1883-1934), *Der Sänger; Abschiedsworte an Pellka; Spaghetti; An die Firma H. W. Schlichte; Lustmord.* Aus: Joachim Ringelnatz, Das Gesamtwerk in sieben Bänden © 1994 by Diogenes Verlag AG Zürich.

Eugen Roth (1895-1976), *Das Schnitzel; Die Torte; Der Gast.* Aus: Eugen Roth, Ein Mensch. In: Sämtliche Werke, Band 1, München 1977 © Thomas Roth, München.

Kurt Tucholsky (1890-1935), *Silvester.* Aus: Kurt Tucholsky, Gesammelte Werke © 1960 Rowohlt Verlag GmbH, Reinbek.

Rudolf Otto Wiemer (1905), *Lob der Thüringer Klöße.* Aus: Rudolf Otto Wiemer, Das literarische Bankett, arrangiert v. H. L. Arnold u. Christiane Freudenstein © Gustav Kiepenheuer Verlag, Leipzig 1996.

Carl Zuckmayer (1896-1977), *Das Essen; Ratschlag für gutes Trinken.* Aus: Carl Zuckmayer, Gedichte © S. Fischer Verlag GmbH, Frankfurt am Main 1977.